我想把这本书献给

我的母亲、姐姐（妹妹）和女儿。

OWN YOUR FINANCIAL FREEDOM

新女性财务自由

安德莉亚·肯尼迪 / 著
张淼　邹喆　夏炜 / 译

中国经济出版社
CHINA ECONOMIC PUBLISHING HOUSE
·北京·

图书在版编目（CIP）数据

新女性财务自由/(新加坡)安德莉娜·肯尼迪(Andrea Kennedy)著;张森,邹喆,夏炜译. --北京:中国经济出版社,2019.9

书名原文:Own Your Financial Freedom

ISBN 978-7-5136-5885-0

Ⅰ.①新… Ⅱ.①张… ②安… ③邹… ④夏… Ⅲ.①私人投资 Ⅳ.①F830.59

中国版本图书馆 CIP 数据核字(2019)第 188504 号

图书版权登记图字,01-2020-2945

责任编辑　孙晓霞
责任印制　马小宾
封面设计　任燕飞设计工作室

出版发行　中国经济出版社
印 刷 者　北京力信诚印刷有限公司
经 销 者　各地新华书店
开　　本　880mm×1230mm　1/32
印　　张　9
字　　数　180 千字
版　　次　2020 年 8 月第 1 版
印　　次　2020 年 8 月第 1 次
定　　价　48.00 元
广告经营许可证　京西工商广字第 8179 号

中国经济出版社 **网址** www.economyph.com **社址** 北京市东城区安定门外大街 58 号 **邮编** 100011
本版图书如存在印装质量问题,请与本社销售中心联系调换(联系电话:010-57512564)

前言

亚洲女性拥有财富的愿望远远超越西方女性，这是一件好事。

因为太多来自“西方发达”的女性并没有积极地参与到她们自己的财务生活中。我认为这是巨大的盎格鲁—撒克逊①遗留观念的作祟，因为金钱曾经在很长一段时间里被视为“禁忌的话题”。一方面，缺乏财务意识让人们感到焦虑，另一方面，更年轻的一辈人用漫不经心的态度处理金钱的问题，人们因此也感到心烦意乱。人们对金钱的态度既有禁忌，又有轻视，这意味着，即使西方已经坐拥财富500多年，大部分财富依然掌握在男性手中。

亚洲有什么不同？你可以任意挑选亚洲北方、东方和东南方的几个区域，比如从北海道到湖南，再到胡志明市，你

---

① 译者注：盎格鲁－撒克逊指的不是一个民族，通常是指公元5世纪初到1066年诺曼人征服了之前生活在大不列颠岛东部和南部地区的文化习俗上相近的一些民族。

会发现这里的女性已经充分地参与进她们家庭的财务活动中，**至少**她们知道什么钱正在收入和支出。亚洲的“现代财务”出现的时间并不长，尽管她们从没有正式学习过，但也理解“金钱的时间价值”“投资回报”这些金融理念（本书在后面的章节将详细解读）。而且，因为无法轻松获得贷款，许多女性很早就学会“量入为出”。由此种种保障着长期的财务安全。

为什么亚洲和西方国家有这样的不同呢？首先，亚洲财富相对来说是新获得的，而且是在战后艰难困苦的环境下建立起来的。其次，亚洲大部分地区不享有“慷慨”的社会保障系统，也没有愚蠢的阶级禁忌。最后，亚洲大部分地区非常重视教育，特别是数学，虽然有些地区女性的受教育机会并不平等，但由于女性总是务实的，如果自己无法接受正规教育，就会特别进行自我教育。

以日本为例，日本接连受到了现代历史上最大的股票市场和房地产市场崩溃的双重打击，紧接着经济衰退了25年。但是，日本每位成年人的资产净值中位数是123 000美元，而美国是55 000美元。日本让女性接受教育，但没有给她们更多的工作机会。尽管如此，日本女性却成为全球货币和利率市场的精明投资者，并且，这些“渡边夫人”甚至影响着市场的走势。

还有中国，理财的概念还很新，很难追寻其规律，但中国6%的亿万富翁是女性，而西方的比例只有不到1%。此外，在中国财富主要是通过白手起家获得的，而不同于能从家族继承财富的西方（的确很有讽刺意味）。在中国，人们不会对女性开卡车、当兵，或者创造财富感到“奇怪”。从根本上来说，如今的中国女性不会把男性或婚姻视为财务安全或成功的手段。

给予难以置信的平等工作机会的雇主吸引我们来到了贸易中心（上海、胡志明市、泗水等）。在成长中参与贸易中心及其周边活动的女性具有充分的财务意识已经有好几代人的历史了。贸易活动锻炼出了一些技能，若要在像报废、房地产、金融和创业这样的领域获得成功，这些技能是必需的。亚洲超过50%的女性企业家身价达到1 200万美元或更多，而西方只有33%。新加坡的女性企业家平均身价是640万美元，比西方女性企业家的**平均身价**要高出160万美元。

女性财务赋权会受到大量可变因素的影响，但是你无法忽视亚洲有学习贪婪事物的共同偏好，特别是当涉及钱的时候。我收到的所有读者邮件中，90%来自亚洲，或者他们是亚洲民族。来信的女性中有许多已经在家里掌握了财务大权，或是正在尝试主导家庭财务，进行风险管理。

亚洲有自己的财务外流禁忌和传统，而且亚洲家庭的价值观可能在许多方面限制女性，倾向于将财富传递给男性。但是，我怀疑，亚洲女性更加能掌控自己财务未来背后的动力正是源于这种真实的弱点。而且，那是一件很棒的事；如果你向我介绍一位掌握一定财务知识的母亲，那么我将会向你介绍一个掌握一定财务知识的孩子。如果你向我介绍一个掌握一定财务知识的孩子，那么我将会向你介绍一位为经济发展做出积极贡献的成年人。尽管我们都会从经济发展中获益，但掌握一定财务知识的亚洲女性将实现的财富和权利水平，会达到西方女性从不敢梦想的程度。

目录

第1部分 权利

第1章

学会理财和从别人的金钱故事中学习

在一天里感觉富有比拥有一生可持续的财富更重要吗?现实生活中，有太多人牺牲后者，以追求前者。

在金钱方面的成功与否与我们如何认识金钱，以及我们相信自己的赚钱和投资能力有多强有关。人生是不公平的，有些人比其他人拥有更多的赚钱渠道，但从长期来看，在金钱方面获得**持续的成功**和一个人的金钱自信直接相关。金钱自信指的是，一个人如何看待金钱的价值，如何处理和金钱有关的情绪（如恐惧、贪婪、焦虑等），以及他的投资习惯。金钱自信，随着时间的推移，是可以逐渐获得的。

教授金钱自信的最佳方法是，向你展示其他人是如何犯下和金钱有关的错误的，即那些消费、投资和思维方面的错误。**在用自己的钱冒险之前，你可以通过看别人怎么做来学习经验**。这本书里有大量的个案研究，取自于多年来和我一起工作过的许多客户的情况。为了避免犯下和金钱有关的严重的错误，让我们先来了解一下财务稳定和财务安全之间的区别。

学会理财 101：稳定优先于安全

我在中国香港举办过题为“女性朋友的金钱指南”演讲，在一场演讲过后一位女士找到了我。她 45 岁，一年赚 50 万美元。她想要接受“高级投资”技巧的个人指导。我问她为什么想学这种技巧，她说想让收入跟上自己的支出。

这是一个巨大的危险信号。这意味着，她的收入非常高，但她的支出远远“超出她的财富”，或者用外行人的话说，她负担不起自己的生活方式。这在像新加坡和中国香港这样的全球财富中心是一个常见的问题，在这样的地方，人们会花钱“保住面子”，或维持和同辈人类似的社会地位。我的客户中至少有 60% 的人收入都很高，当然他们的支出也很多。这些支出中大部分都不是必要的。以下是她的部分预算：她每月花 3000 美元，让她的狗狗哈佛和其他狗“社交”。每月花 5000 美元，请一位司机为自己开车，而其实她可以自己开车。每月花 6000 美元，让孩子参加“一对一”辅导课程，内容是幼儿的“玩乐时间”，例如翻跟斗、蹦床和基础艺术的活动。她每月花大约 5000 美元进行美容护理。每月花 8000 美元购买衣服。此外，还需要度奢侈的假日、享用铺张的饮食，而这些开销都是为了发朋友圈炫耀自己的财富。

她对金钱的焦虑程度和银行账户流出的金额成正比，她买的房子位于城市里最富有的人家附近，就好像处于新加坡名流的势力范围内能让她银行账户的数字真的增加一样。现在，她每天都会和邻居们作比较，这让她感觉更糟糕了。随着她心里负担的加重，她的健康状况变糟了，她的外表也没有原来的状态好了这使得她加大继续花钱消费的力度，比如水疗护理、名牌提包、手表。在她心里，这些花费成了必要的支出。

事实是，**没有哪条投资策略可以解决这位客户的问题。**像许多人一样，她的问题是“不满足”。如果她可以区分自己想要的和自己真正需要的（食物、住所、孩子的教育和衣服），她的收入足够负担在新加坡的生活。她的焦虑来自于缺乏**财务稳定**的基础概念，也就是在自己的能力范围内消费。简单来说，如果你每月赚 1 万元，你的支出就不要多于 1 万元。在她的案例中，她每月赚将近 4 万元，但支出超过了 4 万元。

她想要**财务安全**，也就是拥有足够的钱，让自己可以依靠投资生活，但她没有做到第一步财务稳定，也就是量入为出。财务稳定和财务安全是两件完全独立的事情，需要逐步实现。21 世纪的我们需要为自己创造财务稳定和财务安全。

财务稳定来自于一种思维，即理解自己需要什么、缺少什么。不论同辈人或社会上大部分人拥有什么，财务稳定的人都知道现在需要不需要那个。如果缺乏正确的思维，你不会感觉财务稳定。这与你拥有多少钱或者赚多少钱无关。这就是为什么70%的彩票中奖者，还有无数的名人、家庭财富的继承人和专业运动员最终会破产。

为了让客户形象地看到自己正处于什么位置，我创造了一个财务启蒙阶梯。这个财务能力阶梯的终点是精通个人财务，第一阶段的能力是财务稳定。

财务启蒙的阶梯

这个财务启蒙阶梯所呈现的是，为了创造持续的财富，你在财务进化的每个阶段基本上需要知道些什么。本书会对财务进化的主要内容进行阐述。

在亚洲工作很棒的一点是，大部分亚洲家庭都尊重“量入为出”的观念，即花的比赚的少。我在和亚洲家庭，特别是中国大陆家庭沟通的过程中发现他们缺失的是财务安全的思想，比如他们很少考虑金融市场投资的长期总回报、退休计划、房产计划和如何避免金融诈骗等。本书的后半部分将会详细探讨这些话题中的大部分内容。

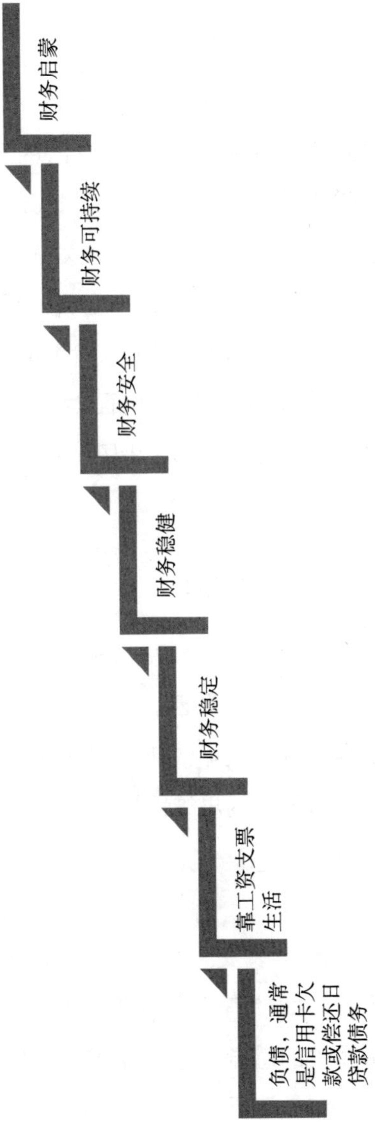

图1 财务启蒙阶梯

关于金钱的思考——言行一致

为什么一些人比另一些人更容易掌握“一切都和钱有关的思维”？金钱的启蒙意味着理解我们自己的思想和动机。大部分人对金钱的态度是害怕或贪婪。害怕无法得到金钱；贪婪，是想要拥有太多金钱。人们害怕被爱人抛弃，害怕工作失败。害怕和贪婪会让人们做出关于金钱的极具破坏性的事情，而且这些情绪会影响我们和朋友、同事、上司以及所爱之人有效探讨金钱的能力。你如何面对自己的害怕和贪婪，决定你拥有什么样的生活品质，以及你最终可以积累多少财富。

辨认自己是如何应对害怕的

当你用一种徒劳无益的方式反复做出情绪化的反应，你就无法提前获得想要或需要的东西，你就陷入了一种思维困境，这种思维困境会干扰你判断。下面我描述一些我的客户在处理金钱问题时常常陷入的思维困境。

习得性无助

如果你曾经感觉无力改变一种状况，你就经历过无助。习得性无助的意思是，即使有机会改善，也放弃改善。“无力感”是和无助最相关的感觉。它可能困扰身处任何地位的人，而且常常在存在信任问题的家庭或工作关系中出现。

负债的家庭常会有一种无助感，觉得“没有出路”。以林女士为例，她和丈夫在同一家公司工作。在他们的第二个孩子出生后不久，她的丈夫就迅速累积了不少信用卡账单。作为在林女士休产假期间唯一养家糊口的人，她的丈夫感觉自己可以随心所欲地使用自己的信用卡。后来林女士重新开始工作了，但他们的收入依旧跟不上偿还债务的支出。最终，当放高利贷的人上门来索要欠款时，她才得知丈夫有赌博的问题。最后，他们破产了。

以下是属于习得性无助的一些常见想法。

· 我很幸运能结婚/拥有一份工作。

· 我需要其他人认同我，才知道该怎么做。

· 我感觉像这样的事情（背叛等）可能会发生。

· 我不够好。

· 我不像我的兄弟姐妹那样优秀或聪明。

· 我感到很羞耻，而且不能和任何人谈论这一点。

· 好事情只会发生在其他人/聪明的人/漂亮的人身上。

如果你正在经历习得性无助，你必须下定决心去理解并限制你的恐惧，否则问题可能会迅速累积。

不健康的权利

接下来是不健康的权利。经历这种思维模式的人会长期对自己的财务状况以及自身感到失望，他们总是相信改变现状后，情况一定会变得更好。拥有不健康权利思维的人经常变换工作、朋友、住所、丈夫和男朋友，他们相信不断地“改变”和“升级”是实现财务安全和获得幸福的方法。这有时候管用，但有时候并不起作用。

我有一些客户，我会把她们称为“当地的选美皇后”，她们所说的第一句话通常是，这不应该发生在我的身上。这些女士会在商业或亲密关系中拥有“早期的幸运”，但是这并不会转化为持续的财务成功。

属于不健康权利的一些常见想法包括：

· 我想拥有我朋友拥有的东西。

· 我应该获得升职（没有特别的理由……）。

· 和一位富有的男士交往/结婚将会为我带来任何我想要的东西。

· 我希望我的投资能在 5 年内上涨 500%，而且没有任何风险。

· 我的行动不会有任何负面的后果或带来长期不利的影响。

一些女性会感觉这有批判的意味，意在让她们放弃那些更好的东西，其实并不是这个意思。在人生中，每个人都有权拥有什么和愿意为了什么工作，愿意为了什么奋斗，以及为了获得想要的东西做出什么牺牲或参与什么。

辨认过时的思维模式

我们对人生的许多看法都是从童年开始形成的，伴随着我们成长。我们告诉自己的关于这个世界是如何运作的一些“叙述”或故事是有用的，例如“存钱是一件好事”，其他类型的建议是非常具有破坏性和自我限制的。让我给你讲一个例子。我正在为一位成功的当地企业家做咨询，她只知道存钱，而不为退休做投资。我问她，为什么只存钱，因为通货膨胀会吃掉她的存款。她回答说：“我的母亲告诉我，女人不懂怎么投资。”

最初，我很震惊会有人相信这样的一句话，但后来，我意识到我客户的母亲会有这种想法一定是有原因的。40 年前，她的母亲还很年轻，对投资没有任何发言权，完全依赖于自己的丈夫，通过他去银行办理业务或管理投资账户。那个时候，家庭主妇们甚至无法和银行家见面，更别提拥有自己的投资账户了。我的客户需要做的是摆脱她母亲的故事，开始过自己的人生。

以下是过时思维模式的一些例子：

· 不要投资股票市场，你永远赚不到钱。

· 不要相信男人，他们都会欺骗和撒谎。

· 如果你不读一所好大学，你就不会成功。

· 女性不会成为优秀的投资者。

针对这些过时的观点，我有一万个理由反驳他们。这个世界不会成功的股票市场投资者、诚实的男性、大学辍学的亿万富翁和优秀的女性投资者。但是，已经长时间相信他人观点的人，是不花时间给自己形成观点的机会。当我和我的亚洲客户交谈时，我会特别提出这一点，因为亚洲家长的经历对孩子的影响更大，这主要是因为亚洲拥有孝顺的传统。

为了清理你头脑中的过时思维模式，问问你自己，你的思想是基于自己的经历，还是基于生活在不同时期、不同地点的他人的建议。我们将会在后面的章节中看到，当你创造财务计划时，这个计划必须适合你，而且这个计划可能非常不同于你父母的财务计划；当你用自己钱投资时需要考虑到你的生活状况。

结论

到读完这本书的时候，你需要回答 4 个问题：

1. 拥有多少钱，才能让我过上自己想要的生活，同时还能定期进行储蓄和投资？你可以想象出来吗？

2. 如果我正在过度消费，是什么情绪导致我这么做？如果我没有进行投资，是什么情绪导致我害怕投资？

3. 现在最高效、最有效，能让你在财务上独立的投资方式是什么？我们可以把这种方式叫作退休，或是其他什么，但实际上就是财务独立。

4. 害怕以及其他人的意见和建议在我的人生中扮演着什么样的角色？它会帮助我，还是妨碍我？我需要改变些什么，我看待这个世界的方式，我看待自己的方式，还是我的理财方式，如何改变才能让它们帮助我实现第 1 ~ 3 点？

我会用以下这个观点来结束这个章节。我拥有和一些最有才华、靠自己奋斗成功的女性一起工作的权利。尽管她们拥有积累财富或胜任高职位的能力，但她们依然在尝试实现财务稳定和财务启蒙。因为，金钱本身并不会带来生活的满足感。

人们过于关注一个人在一生中可以积累多少财富，而对我们如何享受和走好这个旅程关注不够。为了累积财富，人们可以牺牲任何东西，包括健康、友谊，甚至家庭关系。如果你无法在实现财务目标的同时享受和体验人生，那么你很有可能将到达一个临界点，到那时你需要转变自己的思维方式，让自己真正成为“财务自由”的大师。

第2部分 所有权

接下来的三章将集中讲述你和金钱的关系，即如何花费金钱，以及你认为金钱能为你和你的家庭做什么、不能做什么。这是关于自己做出的财务决定，因为现在如何管理你的离婚补偿金完全取决于你自己。

你在我称之为“阶段 II”中面临的挑战常常是最大的。刚离婚的时候，许多女性感到一种新发现的自由感，或者甚至感到幸福愉快。之所以拥有这种感觉，可能是因为你已经获得了一大笔离婚补偿金，或是你感觉自由了。由于情感上的伤口已逐渐愈合，所以感觉自己现在能够从容面对生活了。有趣的是，这个阶段常常是最浪费金钱的一个阶段，因为离了婚的人想要彻底改造她们的生活。

所以，在实行任何改造计划之前，你需要首先制定好自己的日常预算。理想来说，这么做可以让你创造正向的每月现金流，或拥有一个预算，能够让你在尽可能长的时间里依靠这笔一次性补偿金生活。创造一套你可以依此生活的现实预算是必需的，否则你会发现自己需要月复一月，年复一年地思考如何让收支平衡。制定预算使你能在适应离婚后的新状态时，开始为长期的财务安全铺设现实的基础。

为了实现以上的目标，你需要自己做出关于金钱的决定。你也需要和其他人进行有关金钱的交谈，例如你的孩子、父母，有时候甚至你的朋友。

第2章
有意识消费的艺术

没有哪个问题能在创造这个问题的同一意识层面上得到解决。

——阿尔伯特·爱因斯坦

短期的自我控制=长期的财务稳定

“金钱”在不同的人眼里有不同的意义，比如自由、爱、幸福和地位。但对于大多数离了婚的人来说，金钱意味着财务安全。大多数女性由衷地想要财务独立，并且能够自食其力。正面临或正经历离婚的女性会做关于缺少金钱或依赖他人的赡养费生活的噩梦，由此看来就是可以理解的了。

长期的财务稳定是理性的考虑，为了实现这个目标你需要理性地进行日常财务管理。这么做能让你在短期内控制财务决定，长期来看你就实现了财务稳定。

理想的做法是，在离婚之前，你应该准备好一份为每月收入设定好的预算。实际上，大多数离婚的人不仅需要养成新的消费习惯，还需要**和金钱形成一种新的关系**。因为旧的消费习惯和获得金钱的期待可能不适合新的预算了。

为了帮你成为家里的财务经理，或者说首席财务官（CFO），这一章会包含以下内容：

· 家庭现金流和资产负债表

· 形成一种“有意识的消费”模式

· 如何决定你的存款比率

· 想要 VS. 需要

· 救急钱的必要性

· 为什么你需要方案 B

· 消除信用卡负债

需要多少钱才能快乐地生活，对于这个问题的答案每个人都不相同。但是，从长期来看，你的自我控制能力会成为你实现财务稳定道路上最棒的资产。

开发你内在的“渡边夫人”：如何成为你家的首席财务官

日本在经济衰退了近20年后，依然拥有世界上最富有的中产阶级群体，经济学家对此给出了一些解释。这是一种经济现象。政府是一个空架子，银行功能几乎失调，即使在这种工资停滞，资产贬值的情况下，日本家庭的财务状况依然很好。

有专家称，日本家庭依然有钱是因为日本的货币——日元，在这些年来遏制住了通货膨胀的影响，依旧坚挺。还有些专家说，这是因为日本拥有“储蓄的传统”。还有些专家说，这是作为一个国家“共同牺牲”的意识在发挥作用，所以中产阶级没有变得更富有，但也没有变得更贫穷。

这些假定中可能有对的成分，但在日本生活了5年的我，可以肯定地告诉你，日本财务稳定的最重要的一个原因就是日本的家庭主妇。因为一般的日本家庭都是妻子管理资金。她们管理着伴侣的工资，首先预留储蓄和投资的部分，给伴侣一笔零花钱，然后用剩下的钱支付账单、房贷以及家务管理的支出。

许多日本女性拥有一本名为“家计簿”的账本，上面记录着每月所有的支出。有了家计簿，她们就可以记录每天、每周、每月、每年的各项支出。家计簿的价值就是它让家庭主妇们形成了记录每一日元用在哪里的习惯。

除了家计簿，日本人传统上不喜欢用信用卡购买日常所需，所以，日本依然是一个主要由现金驱动的社会。大部分账单是通过网络直接转账进行支付，然后剩下的钱就被用于未来需要的投资，包括教育和退休。这些日常习惯是长时间形成的，已经成为了有意识的消费模式。

重新解读节俭神话

用现金付款，避免使用信用卡的习惯常被外人误解为日本人节俭。是的，第二次世界大战的两颗原子弹和由此造成的贫困在日本留下了一道深深的持续几十年的心理伤疤，但现代日本人是声名狼藉①的消费者。

不是日本人不喜欢消费，他们只是不喜欢浪费任何东西。普通的日本家庭会在超市购买恰好需要的东西，而且他们没有扔掉任何食物的习惯。汽油价格很高，所以人们有时候不会开车，转而利用极其高效的公共交通系统。即使是富裕的家庭也因为用洗澡水来洗衣服而闻名，为的是节省水电费。②

实际上，许多日本人是“有意的购买者”。他们会存钱，然后把钱花在他们认为有价值，以及和他们兴趣或理想有关的地方，无论是盛装寿司的完美盘子，孩子的英语课，滑雪服或是去巴黎旅游。你可能认为他们消费的地方没有价值，但在日本自有一套关于一个人是否浪费宝贵积蓄的常识。

强大的预算计划、坚持价值追求以及不浪费的文化财务传统结合起来，使某一代日本家庭主妇成为了世界上最优秀的业余财务管理者。她们通过有意识的消费生活，在将近20年的经济衰退和金融市场非常不稳定的状况下储存了财富。

所以，为了让自己变得擅长家庭财务管理，你需要开发

---

① 译者注：源文是notorious，意思是声名狼藉、臭名昭著，和语境有些不符，但也不知道怎么改，这里直译。

② 田渊裕子（Hiroko Tabuchi），《当消费者削减开支：来自日本的实际教训》（*When Consumers Cut Back: An Object Lesson from Japan*），《纽约时报》（*New York Times*），2009年2月21日。

自己内心的“渡边夫人”，并且练习有意识的消费。通过这么做，你就可以养成构建未来财务稳定所需的习惯，也将掌握基本的金钱管理技巧，然后你可以把这些技巧教给自己的孩子。

好习惯 1：掌握自己的现金流

许多离了婚的人想要投资，创建公司或购买房产，却没有仔细算计自己每月花费多少钱。进出你银行账户的钱被称为现金流。如果你拥有负向的现金流，就是你的每月支出多于收入；如果你拥有正向的现金流，你就在存钱。

现金流是所有财务计划的起点。你无法在忽视现金流的情况下创造一个稳定的财务基础。理财规划师集中关注现金流，是因为只有知道自己每个月末能够结余多少钱，才有可能设定财务目标并且决定如何进行投资。

你需要“掌握自己的现金流”，因为你将是唯一一个决定如何花这些钱的人。你的目标是每月末有现金结余，可以用来投资退休后的生活、购买房产或付清房贷，进行商业投资，以及在人生后期拥有平和的心态。

如果你在离婚时收到了一次性补偿金，你的目标就是把这笔钱储存得越久越好。我会在第 8 ~ 11 章探讨如何储存的策略和例子。底线是在自己力所能及的范围内生活，不要用光你的一次性补偿金。

以下是 6 个人们常常陷入的有关现金流管理的问题情境：

1. 你经常有财务赤字（换句话说，你账户里的钱出的比进的多）。

2. 你的收入仅仅能够覆盖你的支出，如果遇到紧急状况，你需要向朋友或家人借钱，或是用信用卡预支。而且这种紧急状况一年内发生不止一次。

3. 你赚的钱和获得的赡养费是充足的，但你并没有有意识地储蓄，而且不太确定自己把钱花在了哪里。

4. 你获得了一大笔一次性补偿金，但它就那么躺在银行里，慢慢地被通货膨胀吞食，你不知道这样的状况会持续多久。

5. 你获得了“充足”的补偿金，但你担心会坐吃山空，或是这些钱不够支付你需要的东西，这些担忧让你晚上睡不好觉。

6. 你在资产方面富有（通常是房产），但在现金方面贫穷。

担心一点也帮不了你，期望也不是一种策略。如果你正在经历以上某一种情况，那么你就需要首先审视一下自己的消费模式。**成为一位财务管理者的第一步就是掌握自己的现金流，让它稳定下来，并且将它加入现金预算。**

现金预算迫使一个家庭形成有意识消费的习惯。即三个月不使用信用卡和借记卡，你需要在每周之初拿出你一周所应花的钱，然后用这笔钱生活到下一周，如此进行几个星期，你就会看清自己可以在哪里削减开支了。

好习惯2：制定预算，量入为出，提高你的储蓄率

对于有些人来说，这可能是他们人生中第一次面对制定预算的任务，而对另外一些人来说，这已经是一个习惯了。不论你一开始拥有1 000[①]美元还是1 000万美元，为了投资和储存你拥有的财富，控制你的现金流是必需的过程。

制定预算很简单，你只要把当月所有的固定支出和可变支出记录下来即可。固定支出是在不同月份价格不会显著上涨或下跌的东西，比如房租、房贷、学校费用和税金节约额等。相对的，可变支出就是可能常常会变动的支出，比如课外活动、购物、汽车维修、娱乐等等。保守一点，把紧急事件考虑在内，例如，你的汽车需要维修，取可变支出的平均值，把它加入你的每月固定支出。

等你算好了你的当月总支出，从你的当月总收入中扣掉总支出。你的收入就是所有进入你银行账户的钱：工资、赡养费、利息、股息等等。当你从总收入中扣除总支出后，你可能会得到一个正的数字（储蓄）或负的数字（赤字）。

收入	$
瑜伽课收入	2 500
子女抚养费	2 000
赡养费	3 500

① 除非另作说明，全书提及的货币均是美元（US $）。

续表

收入	$
总收入	8 000
支出	$
食物和衣服	1 000
房贷	1 000
交通	300
娱乐	400
学校费用	1 000
课外活动	300
帮手	400
水电煤气费	200
税金节约额	400
总支出	5 000
储蓄/赤字	3 000

如果你得到一个正的数字，就像我们以上算出的那样，那么把这个数字除以你的当月总收入，比如 3 000（储蓄）÷8 000（收入），可以得到一个答案。这个答案会告诉你，你当月的储蓄占总收入的百分之几，在这个例子中 3 000 ÷ 8 000 = 37.5%，这就是你的储蓄率。

每个月的储蓄率比你的总收入更重要，因为这个数字表明了你储蓄率有多高。这意味着如果你获得更多的收入，你可能也会储蓄相同的数目。如果你每个月都是赤字，那么你需要仔细看看自己所有的支出，考虑可以削减掉哪一部分。

财务安全的核心就在这里——你储蓄了多少 VS. 你花费了

多少。储蓄率越高，表明你为了长期的财务安全，更加自律和更有这方面的能力。这常常被称为“量入为出”，全世界的百万富翁、亿万富翁都在用这种方法。最好的一个例子就是沃伦·巴菲特（Warren Buffett），他是这个星球上最富有的人之一，但他依然住在他位于内布拉斯加州奥马哈市的第一个家。据《邻家的百万富翁》（*The Millionaire Next Door*）所述，几乎所有认真积累财富的人都量入为出地生活，而且几十年来储蓄或投资占收入的比例为30%～40%。

随着年龄和需要的不同，人们应该储蓄的百分比也各不相同。不过，按照经验来说，习惯储蓄者的储蓄率至少是20%。在亚洲的老年人群体中，这个数字常常高得多，超过30%。女性如果不会每月收到赡养费，而是收到一笔一次性补偿金，又想靠这笔钱生活，那么不论这笔钱数目有多大，如果可能的话，都应该学习如何靠投资收益生活。这里的窍门是把这笔钱完整储存得越久越好，因为你可以通过投资“让钱生钱”。

不论是哪一种情况，如果你花费的比赚的多，或是无法靠一次性补偿金的利息生活，你就真的应该试着找出缩紧预算和赚更多钱的方法。

说明好现金流和坏现金流情况的最好方法就是举例子。茱莉娅（Julia）和寿美太（Sumita）是两位离了婚的女性，她们住在同一个城市，各有一个孩子，但她们的收入和支出非常不同。茱莉娅是一位牙医，寿美太是一位瑜伽教练。

茱莉娅

收入	$
牙医的收入	15 000
子女抚养费	3 500
总收入	18 500
支出	$
食物和衣服	3 000
房贷	3 500
交通、汽油	1 500
娱乐、酒吧、旅游	2 000
车贷	1 500
学校费用	2 000
课外活动	500
帮手	750
水电煤气费	500
税金节约额	2 000
总支出	17 250
储蓄/赤字	1 250

寿美太

收入	$
瑜伽课收入	2 500
子女抚养费	2 000
赡养费	3 500
总收入	8 000

续表

支出	$
食物和衣服	1 000
房贷	1 000
交通	300
娱乐	400
学校费用	1 000
课外活动	300
帮手	400
水电煤气费	200
税金节约额	400
总支出	5 000
储蓄/赤字	3 000

从表面上看，也就是职业头衔、居住地址、表面光鲜的物品，像是旅游目的地、一套名牌衣柜、一辆奢侈的汽车，毫无疑问，茱莉娅看起来更“富有”。但是，如果你看一看茱莉娅的预算表，你就能看出来她因为自己的消费习惯，每个月勉强做到收支平衡，储蓄比率低于收入的10%。

而寿美太每月的收入是茱莉娅的一半都不到，但她每月的储蓄率是35%（在有些月份，通过严格的金钱管理，她的储蓄率可以达到40%或更多）。通过量入为出以及有意识地消费，寿美太已经成为了她家的一位出色的财务经理。

练习有意识消费

寿美太在离婚后收到了一小笔一次性补偿金，她用其中的一部分在父母家附近买了一套小公寓，剩下的部分她存了起来，当作紧急事件储蓄金。她放弃使用自己的汽车，转而乘坐公共交通，因为她感觉汽油、停车和保养的费用是可以节约下来的。她的女儿在一所半私立学校①上学，日常的衣服、食物和“维持体面”的费用相比别的社区的学校要更低一些。

除此以外，寿美太在“二级”地段购买房子的时候，就已经了解了学校的价值追求。她注意到，虽说这不是最富有的社区，但这个区域的家长对孩子的教育更加关注，投注了更多的心血。这种“成功的需要”使得她女儿的学校连续好几年都在全市的标准化考试中取得了最高的分数。

而当我和茱莉娅一起回顾她每月的花费时，她对于自己实际上所花的数目感到十分惊讶。她在某个半年期间，一度保持赤字的状态，并且依靠从合伙关系中获得的奖金来支付她的一些账单。

我和茱莉娅讨论了几种控制消费的方法，然后我们开始把目标瞄准娱乐、旅游、食物和衣服的消费上，可能要卖掉她的车，或换一辆更实惠的车。因为缩减开支需要在生活方式上做出一些改变，茱莉娅对此感到不太舒服，这时我把寿美太的情况告诉了她。茱莉娅好奇寿美太的收入只有自己的一半，她是如何做到储蓄这么多钱的。以下几条是寿美太的

① 译者注：源文 quasi－private school，不太确定。

有意识消费策略：

1. **先投资**。每个月当寿美太拿到自己的工资和赡养费、抚养费时，她会拿出16%或1 000美元，把这笔钱存入一个储蓄投资账户，这个账户没有快捷支付方法，也没有绑定信用卡。

2. **“需要”优先于“想要”**。每周她会取出自己生活需要的金额。

3. **为了想要的东西储蓄**。在每周末，剩下的钱被她放在一个“娱乐”抽屉中，这个抽屉里的钱是用于贴补娱乐、生日、礼物和其他美好事物但不必要的支出。（注：把这笔钱存进银行账户比放在家里好，因为放在家里容易被放错地方或被偷掉。）

4. **给好的行为一些奖励**！寿美太常常会有策略地为自己购买一些东西来庆祝自己拥有储蓄和自我控制的能力。

5. **最低的信贷**。寿美太只有一张信用卡，她只会在绝对紧急的时候使用它。

6. **救急钱是必须有的**。寿美太已经创建了一个6个月的救急金账户（见好习惯5）。这意味着，在紧急事件中她的信用卡是绝对的最后一棵救命稻草。

7. **用钱赚钱**。寿美太的每个储蓄账户都在通过某种方式赚取收益，每笔投资都正在赚取收益。换句话说，寿美太正在用自己的钱赚钱。

8. **让银行为你工作**。寿美太从不允许自己被银行收取费用，她也从未支付过信用卡利息。她首先了解了所有需要支付的费用和透支需要支付的罚金，然后选择了花费最低的账户。

这些习惯让寿美太深刻地意识到自己是如何花钱的。她在做上一份广告行业的工作时，常常在下班后和同事出去玩，但她意识到，尽管出去玩乐可以大笑一场，但这对她的身心没有太多的益处。因此，她换了一份工作，现在她教授瑜伽，用平静、练习替代了下班后在酒吧狂欢的生活方式。

寿美太前一份工作给了她在不必要事物上花钱的借口，她曾经把这种行为看成是合理的。然而她意识到这些习惯，如常常外出吃饭，每周做水疗，周末郊游和疯狂购物，占用了她和女儿相处的时间，而且让她支出了太多。所以她重新调整了自己原先浪费精力和金钱的生活方式。她学着如何将收入最大化，并且削减或最小化每笔不需要的支出。

好习惯3：相比你的财产，更看重你的净值——创建你的资产负债表

你想要让储蓄比支出多，就要创建你的资产负债表。更早些时候，我们探讨了把资产（我们拥有的东西）和负债（我们欠的东西）放在一个列表中。这张表就是你的资产负债表。你的净值就是你的资产减去你的负债。通过每月增加储蓄（而不是债务），你正在改善你的财务情况和资产负债表，也在增加长期的财务安全。

回到寿美太，在她单身10年之后，她储蓄和投资的金额已经“比她一生能想象的金额还要多”。她开始慢慢投资股票市场的分红股票，即使经历了2008年的股市大崩盘，对于一位40岁的女性来说，她的资产负债表依然很好。以下就是她的资产负债表：

资产	$	负债	$
现金	60 000	房贷	200 000
退休账户	120 000		
经纪账户	50 000		
大学储蓄金	40 000		
房产价值	800 000		
总额	1 070 000		200 000
净值	870 000		

寿美太懂得净值和财产之间的区别。她没有在不需要的东西上花钱，而是积极地储蓄和偿还债务。她的最宝贵的财产不是一个手提包或一双鞋，而是她的房产，这也刚好是一项资产。

对于努力制定预算和储蓄的人来说，在还清信用卡的前提下，尝试制定一份只有现金的预算。然后，试着储蓄你每月收入的15%，然后用剩下来的钱制定3个月的预算。一旦你养成了储蓄的习惯，就为自己设定一个目标，比如连续3个月储蓄收入的20%。

如果你遇到了困难，就试着运用寿美太的有意识消费技巧吧！当你把该存的钱先存好，然后用剩下的钱度过这个月时，你就会感到非常惊讶，原来自己也可以拥有如此好的消费习惯。记住，不要用信用卡作弊哦！

好习惯4：懂得“想要”和“需要”

探讨“想要”和“需要”一直是一个棘手的话题，因为这可能听起来非常主观。一个集中精力创造财务安全的人应该只对自己的花费进行主观判断。我肯定茱莉娅和寿美太对各自的“想要”和“需要”有着非常不同的理解。

许多这样的感觉来自于你和金钱的关系，这种关系是当你还是一个孩子时就建立好的。理解自己和金钱的关系很重要，因为它控制着你对于什么是“想要”，什么是“需要”的看法，而这种看法可能会成为区分财务安全和财务损失的关键。

我有一个朋友，名字叫安杰莉卡（Angelica），离婚时，她的账户里有将近400万美元。以前，她从来没有过这么多可以自由支配的钱，她感觉自己很富有，而且很独立。后来，她准备开始做泳装的生意，在她和前夫还在一起的时候，她的前夫曾拒绝给她的泳装生意提供资金。

四年后，安杰莉卡的账户里只有最后的50万美元了。当她告诉我这件事时，我很震惊。最终，她来向我寻求关于如何投资剩下来的钱，并且“让它在账户里待的时间长一些”的建议。当我们开始回顾她的钱都去了哪儿时，我们发现，显然安杰莉卡混淆了自己“想要”的和“需要”的东西。

安杰莉卡意识到，离婚后的她需要立刻开始一项事业来赚钱。她也需要度假，远离她的孩子，希望从单身母亲的生活中得到片刻的休息。安杰莉卡认为自己需要做医美手术，来让自己看上去年轻。她把更多年轻化的衣服塞进衣柜，并且在所有最时髦的热闹场合交际应酬。这真是《时尚》(*Vogue*) 杂志会提出的在离婚后重返年轻的方法。

离了婚的人大肆消费金钱款待自己是寻常事，特别是那些在婚姻中感到自己被忽略了或被讨厌了的人。没有人会因为这一点放纵来和你争论。但是，如果时常消费让自己“重新拥有良好感觉”的需要变成一种根深蒂固的习惯，而不顾自己的消费能力和预算限制，那情况就完全不同了。

当我们坐下来探讨她的需要时，安杰莉卡开始讲述更多她怎样花钱的细节。在她前夫因为另一位女性离开她后，她感觉找回面子的一个方法就是让自己变得年轻和喜欢玩乐，于是她去做医美手术，去旅行，疯狂购物以及泡吧。她也想要被尊重，她说如果自己成为一位老板，自己就会得到这种尊重，而没管这桩生意实际上是否能够获利。

在安杰莉卡回顾了过去的四年生活后，她总结道，所有这些再创造的努力实际上带给她很大的压力，她在太短的时间里承担了太多。虽然最初这一系列行动让她感觉很兴奋，但并没有给她带来她想要的尊重。

确实，随着资金的减少，这种情况引发了她的焦虑，她不能再像以前一样花许多钱让自己保持年轻和外出玩乐了。其实她一点儿乐趣也没有。她假装一切都好，但因为焦虑她的身体每况愈下，情绪也很低落。

在进行了一些深刻的自我反省后，她意识到自己和金钱的关系被扭曲了，而且意识到要买到年轻和尊重真的很难。最终是什么让安杰莉卡得到了内心的平静最终成为了自己的首席财务官呢？她制定了一项合理的预算，练习有意识消费，找了一份兼职贴补自己的支出，并且结束了那桩失败的生意。

在改变了自己和金钱的关系之后，安杰莉卡开始参加更多有意义的活动。她开始腾出时间和精力来帮助别人，相比造访当地的热门交际场合，她在自己享受得多的兴趣上花费时间和金钱。她注册成为了志愿者，每月参加两次志愿活动，她开始跳探戈，并且组建了一个非正式的家庭品酒俱乐部。

这些举动让安杰莉卡形成了一些行动准则，并且让她结识了志趣相投的人，有些比她年轻，有些比她年长，让她创造出了一个真正的支持网络。她不再偏离方向创造一种错误的自我形象，而是开始了一种由她掌控的真实的自我新生活。

那么，“想要”是什么，“需要”又是什么呢？苏茜·欧曼[①]在《奥普拉脱口秀》上给出了最好的答案。请用“想

① 译者注：全球第一理财师、从女招待到亿万身价理财师，“影响美国股民的金融五大鳄”之一。

要”和“需要”完成下列填空：**我为了生存______每天吃食物。我______一双周仰杰的鞋子**。这不是一场大脑手术。一样东西可以让你暂时感觉良好，但你需要另一样东西来活着（如果你不知道每个空该填什么，请直接跳到第4章阅读）。

我可以让这个问题变得简单，唯一真正需要的东西是食物、住所、衣服、干净的水、健康，以及如果有孩子的话，就是教育。对于有工作的女性来说，如果你的工作或生意有利可图，我还会把任何有益于你事业提升的支出纳入在内。

“想要”是指不论大小，那些能让你暂时感觉良好，或对自己感觉更好的东西，比如经常旅行、定期水疗、多个俱乐部的会员资格、医美手术、购物狂欢、超出预算的用餐体验，以及任何“让自己不至于落后”或“吹嘘炫耀”的花费。

我已经说过这一点了，认清那些丰富你的人生、增强你的感官体验的事物很重要。每个人都是不同的，对于一个人来说，这件事可能是旅行，对于另一个人来说，可能是进修的投资，或者是一项运动亦或可能是一个收藏的兴趣。这些事物能让你变得充实，但前提是需要在财务状况允许的范围内进行。让我们以当中的旅游者为例。你是在旅游，还是在逃避？一次、两次旅行不能像6次旅行一样令人满足吗？

像第4章所说的，那些努力削减开支的人可能需要专业人士的干预，专业人士可以是一位理财规划师，也可以是一位心理学家。其实大部分努力分清“想要”和“需要”的人只需要重新想一想自己珍视的是什么，以及自己是如何花费（或浪费）金钱的。

想想你因为无法拥有某些东西而沮丧了很长时间，与之相反的，你可以把时间精力集中在可获得的东西上，以及如何完善你所拥有的东西。想想你和谁一起共度时光，他们是如何赚钱和珍惜金钱的。在你进行诚实的反思时，以及在发展新的增长财富，而非耗尽财富的习惯时，可以分析一下自己对“想要”和“需要”的感觉。

如果你可以承担想要的东西的花费，那么用一切方法来满足自己。没有人有权来评判你。但是，如果你想要的东西正在破坏你的预算，那么你就需要核实真实的情况，否则你将感觉压力巨大，仿佛身处在一个财务黑洞之中。

好习惯5：拥有应急存款

一旦你的预算状况良好，而且你能开始定期储蓄，首先而且最重要的一个储蓄项目就是应急钱。应急钱相当于3~6个月的支出，是放着不能动的，其中的现金和/或短期定期储蓄是不可使用、自动续期的，因为这笔钱只能用于紧急事件。如果你没有固定的收入，或是你担心你前夫工作的长期前景，那么存相当于6个月支出的金额作为应急钱。

定期存款

定期存款（也被称为短期存款或定期存单）是一种现金

存款的委托，通常持续的时间比较短（从一周到一年），你会获得一小笔收益。通常存的时间越长，获得的收益就越多。如果提前把定期存款取出，就需要付一笔罚金，所以不要把应急钱存定期，除非存的时间很短。相对的，那些可以在几个月或更长时间里周转获利的现金可以用来存定期，这是一个理想的存放现金的地方，可以让现金远离冲动的挥霍者！

我们对紧急事件的定义是各不相同的，但如果你已经读过"好习惯 4"，就会知道任何属于"想要"类别的消费都不属于紧急事件，所以不要把应急钱花在注射肉毒杆菌、和邻居攀比或是加入你负担不起的俱乐部上。

应急存款对于离了婚的人来说之所以重要是因为，当你遭遇失业、长期生病或是残疾时，你所拥有的后备金比不上拥有双份收入的家庭。即使你可以找朋友或家人借额外的现金，它也不会增强你作为一位财务经理的能力，而且你无法保证自己可以从一位所爱的人那里借到两次钱。

如果你正在依靠赡养费生活，应急钱就特别重要。尽管在撰写本书的时候，亚洲的就业市场非常健康，但全球经济的潜在力量可以说有些脆弱。亚洲走出它最糟糕的金融危机只是在 15 年前，然后就出现了互联网泡沫的破灭，接着就发生了严重的"非典"（SARS）恐慌。如果认为这样的事情不会再发生了则是鲁莽的判断。

没有哪个人的前夫在如今的就业市场上是不可替代的。如果他自己开了一家公司，没有人可以预测他的生意在严重的经济下行中能否存活下来。我知道数不清的银行家和融资人，虽然在短时间里赚取了一笔财富，但在2008年经济危机时却丢掉了工作。现在，这些人的情况是拥有不稳定的前景，而且他们需要靠存款生活的时间会比他们想象中的任何一次都要长。

如果你还没有应急存款，那么应该立刻把这笔钱安排好，或是执行一个储蓄计划，确保应急存款的金额可以覆盖你至少6个月的支出。除了必须购买的东西，拥有应急存款优先于任何花费。如果那意味着你需要在接下来的6个月或一年时间里减少娱乐，那么就这么做吧。你会发现，当你的应急存款到位后，你会很少担心钱的问题，而且生活状态会更好。

好习惯6：开发并且拥有方案B

拥有方案B和拥有应急存款不同。世界上最优秀的规划师都有一个备用方案，或者说方案B。方案B通常和生活方式的重大改变有关，比如搬到另一个国家，在这类事件中你目前的生活安排遇到了大麻烦。这种麻烦可能以以下形式存在：

- 通货膨胀程度剧增
- 失去赡养费或子女抚养费
- 失业
- 你应该获得的抚养费无法支付
- 孩子生了病，需要接受特殊教育
- 失去某种主要的支持，从而改变了你目前的生活方式不要期待你的前夫像你想要的那样为紧急事件做好准备，也不要期待他会把自己正在面对的财务问题即时地告诉你。**你几乎肯定是最后一个知道的人**。结果就是，你可能会感觉盲目或是再次遭遇突袭。

以贝琳达（Belinda）为例，她和丈夫在三年前离了婚。她离婚后的每件事都做对了，包括练习有意识消费，持有应急存款，接受训练重新工作，找了一份兼职。但她没有准备好的是，前夫的生意彻底失败，宣布破产。

虽然贝琳达依靠她的应急存款能够继续在城市里生活，但通货膨胀一直在严重地吞噬着她的收入。现在，她前夫丢掉了工作，没有能力支付她的赡养费，而且和贝琳达不同，他没有准备任何应急存款。

我们讨论了贝琳达将面临的以下这些选择：

①搬回她的出生地，和她的父母一起生活，以节约生活成本。

②搬到这个区域里房租比较便宜的地方。

③搬到一个房租比较便宜的区域，找一份全职的工作。

这些选择都不太理想。第一个选择意味着需要另外找一份工作，孩子转校，她和孩子需要和她的父母同住一个屋檐下，虽然她已经不和父母同住好些年了。第二个选择意味着她一家人需要过得比以前更加拮据。第三个选择，假设她可以找到一份工作，工资能负担所有她需要的东西，但这样会大大减少她和孩子相处的时间。

最终，贝琳达选择搬回去和父母同住。只有这样做，她晚上才能安睡，所以这是对的选择。如果她一开始就和家人讨论过，制定了方案 B，情况可能会大不相同。提前制定方案 B 可以让她和她的家人在变故来临时，从容应对。

好习惯 7：消除信用卡负债

如果这本书写在 20 年前，我可能不需要对亚洲的信用卡债务这个话题展开讨论。那时候，在亚洲很少有人拥有超过一张信用卡，只有少数人会在日常消费时使用信用卡。

而今天，信用卡使用和个人贷款剧增。在亚洲，新加坡人是信用卡的最大使用群体，平均每人拥有 3.3 张信用卡，在中国香港和台湾平均每人拥有 2.7 张信用卡。居住在中国香港的人信用卡未付余额最高①，逾期付款的次数也最多。②

信用卡可能是人类已知的最糟糕的财务管理工具，信用卡因它的高利率和额外收费而声名狼藉。如果你每月不还清信用卡的欠款，那么未付余额就会被添加到未来收费的部分中，结果就是最终你会支付多得多的钱。

举例来说，1 000 美元的未付余额，年利率为 18.9%。如果你每月还最低还款额 40 美元，需要花三年时间才能还清债务（假设在此期间没有产生其他的费用）。而这三年你将

---

① 译者注：源文是 People in Hong Kong have the largest balances，这里不太确定。

② 《商业时报》（*Business Times*），《新加坡人在这个区域拥有最多的信用卡》（“S’ poreans own the most credit cards in the region”），2012 年 4 月 13 日。

要还将近280美元的利息。老实说，就像你站在一个火炉前，直接把自己的现金丢进去烧掉一样。

经验是，你应该为了“浮动”① 使用你的信用卡，意思是你应该每个月还清信用卡的负债，永远不要结转余额。这样做你就不需要支付利息，同时可以享受信用卡的便捷性。

如果你身陷信用卡债务，你就需要在执行任何投资计划之前，先把这件事解决。试着把你的负债转移到利息最低的卡上②，或是在银行申请个人贷款，然后严格遵照还款日期还款。同时，不要购买任何必需品以外的东西。

如果你需要有人协助你巩固你的债务③，本书的末尾罗列了一些信用咨询中心。如果你无法控制自己冲动购物的习惯，那么为自己找一位治疗师。令人上瘾的购物和失控的安抚性消费是情绪障碍，常常需要接受专业的治疗。

好习惯8：让你的银行为你工作

这是一个非常简单的好习惯。检查你的所有账户：你正在被收费吗？它们让你获得利息吗？检查你被要求支付的费用和最低余额，如果收费过高或有不必要的收费，那么换一家银行。

不同城市的银行之间可能有大大小小的不同。就我个人

---

① 译者注：源文是float，这里不知道什么意思、怎么译，所以直译。

② 译者注：源文是consolidate your debt on the card that pays the lowest interest，意译，不太确定。

③ 源文是consolidating your debt，直译。

来说，我会在收费低或不收费的银行开设账户，存放一些存款的账户和支票账户，我也会尽可能寻找有机会获得利息的账户。我也会在服务很好，以及拥有快乐雇员的银行开设账户，因为这样的银行一般管理水平更高。

不要为了从银行赚钱而被说服购买保险或结构性产品（在第10章会有更详细的探讨）。找到能让你的支票账户或储蓄账户里的钱最具价值的银行，同时避免“锁定”期，因为这样你就必须支付罚金才能取出现金。银行因为他们的费用和想要锁定你钱的意图而饱受争议，所以确保你的银行在为你工作，而不是正相反。

高级财务管理问题

一旦你开始练习有意识消费，而且你的预算和资产负债表已经就位，你还可以运用一些其他的策略来评估是否还有其他可以削减的支出。以下是我会问到客户的一些标准预算问题，你也应该问一问自己这些问题：

居住地/房产

· 如果你所在的国家不是你的祖国，那么你尽可能居住在生活成本最低的区域了吗？

· 你的房贷或租金占你收入的比例是否超过了30%？如果是，为了保持你的消费不变，重新选择一个居住地点是否有意义，不论是搬去你所在城市的更便宜的区域或是搬去一个全新的地方？

·你是否拥有一个度假屋，它无法为你赚得好收益，而且你要不就是不怎么去，要不就是还不具备这样的经济承受能力？

健康保险

·当你可以加入国家医疗保健制度的时候，你是否购买了健康保险？

交通

·你是否确实需要一辆车，还是可以使用公共交通？换句话说，拥有一辆车是否让你在生活的其他领域节省了时间和金钱？

·如果你确实需要一辆车，那么你是考虑买一辆新车还是二手车？一句忠告：永远不要买新车，而是找一辆性能良好的二手车。和终身保单差不多，购买新车是世界上最糟糕的用钱方式，还披着投资的外衣；当一辆新车被开出展厅时，它的价值立即下跌了25%。

孩子的教育

·私立教育是“必需的”还是“最好有的”选择？替代选择是什么？

·如果你的孩子在接受私立教育，你现在的经济能力能否承担这笔费用，同时还能为孩子将来的大学教育存足够多的钱？或是你正在牺牲掉大学储蓄金，或者更糟糕的，用你的退休储蓄金来支付私立教育的费用？

事业

·你真的喜欢你的工作吗？这份工作有升职的前景吗？如果没有，你考虑过重新接受训练，开始另一份事业吗？

·你值得加薪吗？如果是，你有没有提出过这样的要求？

·你正在自己做生意吗？它有利可图吗？它能为你提供足够的收入吗？你投入的时间真的值得吗？

·你的生意在向前发展吗？（注：如果你做生意已经有一年时间，而且你入不敷出，那么你需要坐下来，好好制作一份商业计划，否则这就是一个兴趣，而不是做生意。）

其他

·当你负担不起的时候，你还在借钱给别人，或为别人付款吗？如果是，为什么要这么做？

·你正在充分利用减免税款的好处和/或单亲家庭可获得的帮助吗？

你还可以用很多问题来评估自己是如何花钱的，以及这种花钱方式是否适合你的情况。如果你运用了有意识消费的技巧，并且真正思考了“想要”和“需要”，也确保自己正在最大化利用每月的收入，那么你就不可能走错路。

结论

这一章强调了创造财务安全的构成要素，想要独立做出日常财务决定的个人应该形成的八个习惯。只要你开始练习有意识消费的艺术，你就会意识到自己如何花钱，为什么花钱，花在了哪些地方，以及为哪些紧急事件做计划。一旦你能熟练做出所有的消费决定，你将能够掌握自己的预算，并且随着时间的推移，可以提高自己构建资产负债表的能力。

第3章
和家人探讨金钱

前人栽树，后人乘凉。

——中国谚语

到现在，你应该已经大致了解了你的现金流是个什么样子，以及帮助你“掌握自己的钱”的基本工具、预算和资产负债表。你的分析得出的结果，很有可能是你需要的改变你家的花钱方式。这种改变可大可小。

除非你没有父母或孩子，否则如果有关预算/每月消费的调整会以某种方式影响到你的家人，那么就让他们参与相关的讨论。和他们分享多少信息由你自己判断。这样，掌握你的预算或资产负债表的就不止你，还有你的家人。

这一章会涵盖：

· 如何积极地与你的父母讨论财务状况。

· 在你成长过程中的金钱迷思。

· 如何与你的孩子讨论“想要”和“需要”。

· 涉及金钱和消费问题时，如何不被你的孩子认为是伪君子。

准备关于金钱的交谈

如前所述，针对不同的人，金钱意味着不同的东西，这点也适用于你的家庭成员。这是为什么金钱的话题可能会让很多人产生强烈的情感，也是为什么围绕金钱的糟糕交流可能让人生气、怨恨、吵架以及关系破裂。奥利维娅·梅兰（Olivia Mellan）在《钱与和谐》（*Money Harmony*）中给出了最好的描述：“你不仅仅因为钱争吵；你也因为钱的意义而争吵。”

理解每个人与金钱的关系

对于大部分离了婚的人来说，金钱既意味着自由，也意味着安全。孩子们倾向于把金钱视为自由，或是能买到朋友所拥有东西的自由。对于我们的父母来说，金钱意味着很多东西，其中包括支配他人行为的权力。因此，金钱对于你的意义可能偶尔会和它对于别人的意义相抵触。

争论的一个焦点可能是共同牺牲，或一种期待，即无论财务状况如何，你都被期待要给予父母、祖父母金钱上的支持。作为一位单亲家长，这可能是一个问题，因为在短期内，你可能无法支持或帮助除了你和你孩子之外的人。所以，构建或维持个人财务安全的需要，可能会导致你和你的兄弟姐妹就如何最好地支持老人或其他有需要的人发生争执。

在亚洲的一些群体中，争论的另一个焦点可能是控制。在一些父女关系中，父亲通过掌控金钱或外出工作的可能控制着他们女儿的行为。这会让他们的女儿在婚姻中依赖她们的丈夫，然后在离婚后，重新依赖她们的父亲。

如果你感觉和你的孩子讨论金钱是一个“问题”，那么你可能比他们更容易遇到烦恼。大部分孩子在构建他们和金钱之间的关系时，会从你那儿得到提示。只要孩子认识到需要公平对待所有人，他们就会拥有和成年人一样的（有时超过成年人）为了家庭和谐而抛开自私念头的能力。

起初设定简单的目标

既然你已经在心理上准备好和家人讨论，下一步就是为自己以及/或你的家庭确定一些基本的财务目标。首先让我们花几分钟时间确定一些基本的储蓄目标以及可能的投资重点，例如：

· 我想在一年内还清债务。

· 我们需要创建应急存款。

· 我们想开设一个基金账户，为一栋房子的首付积累资金。

· 我们想筹集足够的钱来做一桩小生意。

目标很重要，是因为有时候家庭成员并不清楚你为什么要存钱，他们可能感觉这些钱可以被“共享”或用在其他地方，我们将在第5章更充分地探讨这一点。通过创建这样的目标，你将会感觉一切很有条理，而且当你坐下来，解释你认为应该如何赚钱、存钱和为未来投资时，将会拥有所需的信息。

和父母（以及扩大家庭）讨论金钱

可能你和你的父母在财务方面存在某种相互影响。这种影响的例子包括：

· 赡养祖父母。

· 定期给你父母一些钱。

· 搬去和父母同住（或父母搬来和你同住），让他们帮助你处理好离婚这件事。

在亚洲，家庭成员间常常有一种“你的就是我的”的观念，在某些文化中，这种观念比其他文化更加严重。但是，就像我们已经讨论过的那样，在你离婚后，为你自己设立个人目标很重要，因为（1）你很可能比你父母的寿命长，（2）除非情况完全透明，你不知道你的家庭成员拥有什么资产或债务。传闻说，孩子知道他们父母的资产，但不一定知道他们的债务。

家庭讨论——打开和服

和任何你关心或依靠的人讨论金钱的最简单方法就是，

让自己的财务情况透明化。换句话说，每个人都需要“打开和服”（将自己的情况透明化）。如果你正在以某种方式赡养年迈双亲，不论是身体上还是财务上，都需要透明化，而且所有的家庭贡献，包括那些来自兄弟姐妹的贡献，都需要透明化。在讨论财务问题时，分享你新的财务工具箱中的一些技巧，比如储蓄率和预算，是一个很好的开始。如果你需要对每月预算进行比较大的调整，而这种调整将影响到你未来可以向父母贡献多少，或是因为你需要重新开始工作而不能再亲自照看你的父母，那么就更加需要透明化了。通过使用这些技巧，你可以向家庭成员展示你的新预算，探讨你的财务目标，并且为一家人找到最公平的前进道路。

这些讨论必须有正确的出发点，意思是必须考虑到每个人，包括你自己的利益。如果你的家庭成员不想公开讨论金钱的话题，或者如果金钱的问题在你家从来没有透明化过，那么试着“做个成年人”，但要自行判断。第 2 章介绍的预算和资产负债表是教育你家庭成员的最佳方法，因为它们为建设性对话创造了一个中立的平台。

这里有一个关于“打开和服”的重要性的例子。在米伦（Mylihn）的例子中，因为她母亲身体有些问题，所以她的年迈双亲在米伦离婚后搬来和她同住①。米伦的两个哥哥和他们的妻子都有全职工作，所以照顾双亲的工作都由米伦来承

---

① 译者注：原文 her mother had physical challenges，不太确定。

担。由于米伦无法从事全职工作，也无法获得职业发展，她只能依靠前夫和她的两位兄长每月贡献的钱来赡养他们的年迈双亲。

米伦的家庭并不富有，她的母亲曾向她模糊地保证过“她不需要为未来担心”。除了每月的现金流，没有人真正讨论过金钱的话题，也就是没有讨论过米伦和她父母每月需要多少钱。也就是说，每个人的资产负债表还藏在“和服”下面。

米伦没有计划过，她的母亲也不知道的一点就是，她的父亲已经用家庭资产，也就是房子的产权进行了个人贷款，而且还没有还清。当她父亲去世后，这些秘密的债务通过遗嘱认证的过程浮出水面。因为法律规定在继承任何财产之前先还清贷款，所以房产价值从100多万美元缩水到只有50多万美元。

而且，米伦的父母忘记为了补偿米伦的牺牲而更改遗嘱的事。在许多亚洲文化传统中，相比女儿，儿子通常在金钱上为年迈双亲贡献更多。所以米伦的父母和许多中国家长一样，把更多的房产留给了他们的儿子，而不是女儿。他们没有更改遗嘱以补偿米伦，这真的是个疏忽。在许多例子中，父母根本就不会立遗嘱。所以现在米伦依靠着她兄长（和他们妻子）的金钱支持来生活，并且可能一直到老。

不管父母或自己的财务状况如何都决定照顾父母，这是一点儿错也没有的。但是，如果你通过不工作来做出财务上的牺牲，或是用你的退休储蓄金来帮助他们，你就得充分了解其中的风险。而且为了知道可能存在的风险，你需要让每个人“打开和服”，了解整个家庭的资产负债表，甚至提出立遗嘱的要求。

需要注意的很重要的一点是，许多家庭甚至不会立遗嘱，因为他们迷信地认为计划死亡会带来噩运。如果没有遗嘱，大部分房产分配法会把逝者的资产平均分配给他们还活着的孩子，几乎不会考虑谁在父母老年的时候贡献或牺牲得更多。因此，更重要的是要对这些问题进行公开讨论。

不论是你和孩子搬去和你父母同住，还是你的父母搬来和你同住，多代生活的主要优势是祖父母可以出现在他们孙辈的生活中，反之亦然。但是，主要的劣势是，关于每个子女在金钱上贡献多少会存在分歧。也就是为什么在父母开始生病时，进行家庭预算的讨论极其重要，因为那样就能够知道自己可以在哪些地方提供帮助，以及为了家庭如何长期地储蓄。

考虑了所有情况之后，和家庭成员讨论金钱的话题可能会很容易，也可能极其困难。如果你的父母拥有良好的金钱管理和投资技巧，而且他们是好的老师，你就可以从他们身上学到很多。但是，如果他们缺少这个“工具箱”，你就可能需要推动讨论的进行。记住这是一个过程，所以保持耐心。

我的父母不会和我谈论金钱

可能你的父母在谈论金钱的时候就是会不舒服，或是对金钱有极其无益的观点。这时候，你需要记住健康的权利是什么。你有权为你的财务未来制订计划。

为了你自己和你的孩子，你也得勇敢地说出，你需要什么和想要什么。一开始，你可能会有点提心吊胆，但长期看来，这是一件为自己争取利益的事。在这一点上，我想陈述两条关于金钱的迷思，这两条迷思在不和女性讨论金钱问题的家庭中很常见。

金钱迷思I：懂得金钱的女性找不到丈夫

如果你离了婚，你的家人可能会希望或鼓励你再婚。我曾经见过，当一位女性表现得比以前独立得多，并且开始谈论储蓄率和现金流时，她的未受教育的母亲竟然这样回应："如果你了解了这么多有关钱的知识，没人会和你结婚。"

这种思想是如此的过时，但在亚洲的一些群体中依然存在。回到第1章，如果你的母亲是这样想的，那么没有什么可以改变她的这种信念。永远不会。

可能她身边和她长时间相处的女性也是这样想的。所以，这是暗含社会压力的对话，这种压力迫使你"保持一致"，不要与众不同，即使与众不同意味着财务安全。

如果面对这样的压力，你需要承认这是她们的意见，但这只是她们的意见。问问你自己：是否认为对金钱问题一无所知比较好？其实，对金钱问题不了解永远不会是一件具有正面意义的事。

金钱迷思II：谈论金钱是不招人喜欢的

你不需要住在亚洲，也能听到女性说："谈论金钱是不招人喜欢的。"我听到我的同辈群体说这样话的次数和听到老一辈人说的次数一样多。我（不太情愿地）承认，谈论金钱（和政治）有适合的时间和场所，但和性别无关。

但是，知道自己的预算和资产负债表，或是积极进行投资和管理自己的钱并不是不招人喜欢的。实际上，如果你不这么做，我会说这是个问题。

那些认为自己是"聊天阶层"，或"午餐女士"，或"乡村俱乐部"的人常会心怀扭曲骄傲地说："我丈夫管钱，我只负责花钱"，或是我最喜欢的不合逻辑的推论："那只是钱罢了"。

就像上面提过的未受教育的母亲一样，这些女性中大部分人对投资一无所知，所以她们贬低那些懂投资的女性。她们在同样无知的女性中能找到舒适感和友情。具有讽刺意味，或者称之为因果报应的是，在离婚或金融危机中遭遇突然袭击的正是这类人，她们会被迫接受生活方式的巨大改变。

除了你自己的幸福，你也得思考该向孩子们传递哪种信息？“做个傻子，好好干”或是“假装是个傻子，好好干”？难道你不能向他们传递一条更好的信息，比如“不要做个傻子，了解你的预算和资产负债表，保密并且好好干”？

如何和孩子谈论金钱

当你还是一个孩子的时候，你的父母可能和你讨论过金钱的问题，其他人可能并不享有这项特权。所以，这里有另一个“工具箱”，来帮助你和你的孩子谈论金钱。积极地抓住这个机会吧，和你的孩子一起开启一个财务教育的传统。

如果根据你的分析，你需要改变你家花钱的方式，那么你的孩子需要和你一样掌握预算。回忆一下与金钱的关系的概念。你和金钱的关系最有可能是财务安全，但对于大部分孩子来说，金钱意味着“自由”或“接触的权利”，即和他们的同龄人做同样事情的能力。这些需求和你的需求是对立的，所以你需要找到一种方法，教育他们关于储蓄和投资的长期价值，而且当家庭的需要和孩子的需要相矛盾时，不要轻视他们的感觉。

关于金钱的讨论有很多，但在这一章，我会集中探讨如何创造一个有意识消费的家庭，从而能为未来的需要保存财务资源。

重要的不是你怎么说，而是你怎么做

家长应该知道，任何年纪的孩子，相比你怎么说，会更加关注你怎么做。孩子在会说“虚伪”这个词之前就懂得虚伪是什么。所以，如果你想要调整你家的花钱方式，那么你首先要做到言行一致。

例如，你需要削减“想要”的支出，但你只削减了孩子想要的东西，这会让孩子认为你很虚伪，并且破坏你和孩子之间的关系。你的孩子会更不愿意合作，而且很有可能会失去对你的尊重。

以下面这个家庭为例。一对夫妻总是在努力平衡家庭预算。结果却是，这对夫妻，塔比莎（Tabitha）和比尔（Bill）最终因为钱的问题离婚了。显然，离婚并没有为他们俩中的任何一个人解决预算的问题，而是让事态变得更糟糕。

因为他们俩都很骄傲，都对自己变差的财务状况感到不满，所以他们俩都转而使用信用卡进行疯狂购物，实际上两个人都承受不起这样的消费。比尔带着他的新女友去外国度假，而且为自己租了一套不必要的昂贵公寓，而塔比莎，尽管更加节省，也却放任自己购买了一些自己负担不起的东西。

后来，塔比莎的房租一直拖欠着，房东给塔比莎和比尔两个人打电话，要求把拖欠的房租全部付清。因为比尔依然有责任支付塔比莎的房租，所以塔比莎并不觉得需要准备应急存款。后来塔比莎得知，比尔已经好几个月没有付她的房租了，因为他在更早些时候就已经丢掉了工作。

一直以来，他们的孩子都感觉自己过着富足的生活，而实际上，他们的父亲已经被卷入了债务的旋涡，他们的母亲也没有任何应急存款。因为他们的父母之前都入不敷出，所以现在被逼得只能坐下来，告诉他们的孩子，因为父母亲都付不起房租，所以他们再也没有家了，而且这种情况可能要在孩子的人生中持续很久。你能想象这会让一个孩子多么混乱吗?

你可能对这两个陷入这种处境的成年人一点儿也不同情，因为尽可能掌握和控制一切是你们的责任。正如我们在第 2 章中学到的那样，拥有应急资金是金钱管理中非常重要的事。

在这样的情况下做个成年人既不容易也不有趣，但当孩子被卷入进来时，你必须这么做。尽管以上的故事是一个极端的例子，但在离婚以后，家长以牺牲孩子为代价放纵自己并不完全是件稀罕事。家长之所以这么做是因为他们在尝试为自己买到快乐。

这让我们来到了给所有年龄段孩子上的第二课。如果你和金钱的关系是“用钱买到快乐”，那么你的孩子也会学到这一点。这条信念有一个问题：超过某个临界点后，钱不会让人更快乐，这已经被多次证实。[1] 有研究表明，太多的钱会让人无法真正享受任何东西。

此外，存钱不能确保长期的快乐，但某种用钱方式可以，这也是事实。有研究表明，在其他人身上花钱的人总体

---

① www. scientificamerican. com/article. cfm? id = can - money - buy - happiness.

比只在自己身上花钱的人更快乐。据盖洛普民意测验中心（Gallup）进行的“2010年全球捐款指数”调查，几乎在世界上任何国家，给慈善机构捐款的人比不捐款的人更加快乐。①

这并不是说，为了快乐你需要把所有的存款都捐给慈善机构。而是说，那些用钱让自己或其他人完成某件特别的事的人比一般人要更快乐。

在开始谈论金钱之前，你可以首先问你孩子一个问题：“让你快乐的是什么?”我曾经和各个年龄段的孩子进行过这样的对话，以下是当他们被问了这个问题后回答得最常见的一些东西：

· 和一个朋友做某件事
· 朋友/友情
· 做某项运动
· 和一个朋友出去玩
· 和妈妈或爸爸一起做某件事
· 看书
· 看我最喜欢的电视节目
· 在公园玩/去海边/游泳
· 玩捉迷藏
· 听音乐/唱歌/跳舞

① www. csmonitor. com/Commentary/Editorial – Board – Blog/2010/0910/Gallup – poll? Degree – of – one – s – charity – depends – on – happiness – more – than – wealth.

· 吃我最喜欢的食物
· 在脸书（Facebook）上聊天/发推特
· 画油画或素描
· 玩乐高积木/神奇宝贝游戏
· 和我的狗/猫/仓鼠/兔子玩
· 玩微软游戏机、任天堂、电子游戏

在这些回答中，孩子没有说："只有当我做某件需要很多钱的事时，我才会快乐。"需要花很多钱的事情包括：

· 购买设计师品牌服装
· 去高级餐厅用餐
· 俱乐部会员资格
· 做水疗
· 出游
· 拥有一家私人飞机或一个5 000多平方英尺的家
· 旅行
· 买一辆新车

所以，首先不要把"让自己快乐的事"与"为家庭做的事"混淆，因为孩子们并不笨，他们不会吃这一套。他们知道花钱是为了你。其次如果孩子生活在一个快乐的家庭，那么要让他们知道快乐并不需要花很多钱。不论你家大家小，只要拥有正确的态度，任何人都可以创造一个快乐的家庭环境。

每月进行家庭讨论

正如这章反复所说的，如果你需要改变家庭的花钱方式，那么家里的每个人都需要知道这一点。即使这时候你的小宝贝们还不能完全理解这一切，也不要把他们排除在外。如果你的孩子已经对金钱有了更清楚的概念，在你离婚后，他们可能会因为未来“每个人”有某样东西而自己没有，或是再也不容易得到钱而感到不高兴。但是，如果你“打开和服”，你将帮助他们理解为什么你需要做出这些改变，并因此让他们也掌握家庭预算。

这不是一件容易的事，特别是当你不想要吓到你的孩子或让他们焦虑时。以下是一份分步指南，你可以据此组织第一场关于金钱和新家庭预算的重要讨论。记住，慢慢推进，而且尽可能保持温柔（和耐心）。

1. 解释这种讨论是私人的，而且将来会定期进行。

2. 然后，说和以下这句类似的话：“现在我是我们家的财务管理人，我需要做一些关于我们如何用钱的困难决定，那样我们才能继续保持财务安全。”

3. 分享你已经确定的一个重要的家庭财务目标，并解释原因。例如，“我们需要为一笔应急资金存钱。应急资金是当某些严重和意外的事情发生时，我们还可以用来支付 3 个月账单的一笔钱。我们需要花 × ×个月来存这笔钱”。

4. 然后告诉他们，从今天开始，全家人会根据一个新的预算生活，每周的预算是×。

5. 在确定好每周预算后，强调全家人减少或停止在某些东西上的花费。例如，“作为我们新预算的一部分，我们都需要做出一些牺牲。例如，我准备取消每周两次外出吃饭或做指甲”。

6. 让他们知道你是老大，而且他们不会无缘无故得到钱。说一些类似这样的话“当我制定了一条关于钱的规则，我们就要坚持执行。当你应得的时候，你将会收到钱/零用钱。作为这个家的一员，我希望你能完成以下列出的一些家务事，你还可以做一些其他的事来赚零花钱”。

7. 用积极的话做总结，比如“让我们学习如何一起赚钱、存钱和花钱”。

如何用不同的方式和不同年龄的孩子探讨金钱非常重要。所以，我按照年龄给孩子分了组：（1）8岁和8岁以下，（2）8岁和8岁以上。而且就像人生中的其他任何事情一样，你怎么说一件事以及你的语气和你所说的内容同等重要。

和8岁以下的孩子谈话

我坚定地认为应该给孩子提供零花钱，但我并不认为，不论孩子什么时候要零花钱都得满足他们。说实话我的孩子讨厌找我要钱，因为我总会温柔地问他们：“你做了什么事情值得获得这笔零花钱呢?”是的，他们会生我的气，但他们不会少爱我一点。通过强化获得钱是需要付出代价的这一点，你拥有了最好的机会，在孩子发展到“我想要其他人都拥有的东西”这一阶段之前就影响到他们的思想。你也可以用小奖励来正面激励他们。

想象这样的场景：你孩子班级的某个学生得到了一件新玩具，一件很贵的玩具，你知道你不能买，但你的孩子一直恳求你希望你给他买。你告诉他，这笔支出不在这个月的家庭预算内时，你的孩子要不就是看起来不高兴或难过，要不就是追问你为什么其他学生都可以拥有某样东西，而实际上并不是所有人都拥有。

首先，给他们一个拥抱。然后，对他们说“这不在家庭预算内”虽然第一次说这话很难，但你必须开始对你认为不必买的东西说“不”。孩子们会逐渐理解家庭预算优先于他们想要的东西。起初他们可能会有些沮丧，但长期看来你可以帮助他们体验延迟满足。给他们很多个拥抱，这不会伤害任何人。

如果你真的想要为你的孩子买这件玩具，但钱很紧张，那么告诉他们为自己的生日或其他节日制作一个清单，那时候给礼物就很正常了。这里的目标是强调，当孩子有需要的时候，钱不会从天上掉下来或是从妈妈的口袋里掉出来。通过学习“钱是需要努力赚取的”，你将从正面激励他们制定自己的储蓄目标。

接下来，可以考虑为了一项他们常做的特别活动给他们一小笔零花钱。如果他们太小了，或是给他们钱是不可能的，那么可以做这样的事情，例如做一顿特别的晚餐，给一些金色的星星或是制作一份贴纸图表，对于这个年龄阶段的孩子来说这些都是有意义和很棒的奖励。这里给他们上的一课是，他们可以通过常常帮助你而“赚得”这些奖励。

如果你可以承受给一笔即使是最少的零花钱，给孩子三个选择，存起来、花掉或是捐掉。让他们自己选择如何分配这笔钱。实际上，这就是你在现实生活中所做的事，所以你通过让他们模仿你是如何管理家庭财务的，来帮助他们理解你是怎么处理金钱的。

有些人会使用“家庭经济”这一概念，事实上通过创建一家银行（以一个旧鞋盒的形式），创建一个银行账户，并且制作一些支票，让你的孩子书写和兑现。这个概念是可以有的，但对于经济负担过重的妈妈来说就不必要了。更好的方法是，在一家真正的银行为你的孩子开设一个账户，然后向他们展示银行到底是怎么回事。这里最重要的是让他们了解到钱不会免费“从一台机器里出来”。

和8岁以上的孩子谈话

用在年龄较小孩子身上的策略也适用于8岁以上年龄阶段的孩子。但是，你需要意识到的很重要的一点是，这个年龄段的孩子开始对他们同龄人所拥有的东西感到敏感。而且如果他们对物质商品非常着迷，这可能会影响他们的幸福感。在亚洲，因为大部分学校都要求穿校服，孩子们较少因为服装问题而嫉妒别人，更多的是因为新科技产品。假日出国旅游。昂贵的运动装备。昂贵的演唱会门票和其他服饰而产生嫉妒。

幸运的是，尽管他们在这个年纪可能会更加倔强，但会逐渐获得足够的智力，好让你能认真地和他们探讨“想要”和“需要”（就像第2章阐述的那样）。他们可能需要一些时间来意识到你对于坚持家庭预算是认真的，但如果他们看到你也把自己的“需要”放在“想要”之前，他们的思想就会发生变化。为了把这一点说明清楚，你也可以把家庭预算展示给他们看，可能存款是为了积累学院/大学的学费以及/或你的退休金。

让他们知道你真心理解他们的感受，而且你也想为自己买一些东西，或外出度过一个美好的假期，但那些东西是“想要”的，而不是“需要”的。你需要食物、住所、衣服等，但没有人真的需要最新款的名牌运动鞋，一部新的苹果手机或一趟普吉岛的旅行。

科技带来了它自身的问题，因为它处于社会生活的最前沿。总是沉迷于科技会带来的一个问题是，没有什么是长时间新鲜的，所以没有什么会在长时间里让你的孩子感觉特别。这会催生一种非常糟糕的循环，那就是“买东西令我快乐”的物质主义思想，这种循环非常难以打破。

以下是我对科技产品的一些指导原则：

1. 当你投资科技产品的时候，向孩子解释说，这是未来

3~5 年里你再为他购买的唯一一样科技产品。你的意思就是“好好爱惜它，让它用的时间长一些，而且明年别再要求我买新的科技产品”。

2. 除了移动电话，确保你买的东西可以让家人共享。这样的话每个人都“拥有”这样的东西，它既是一种共同利益，也是一种责任。

3. 当你遇到标价极高的商品时，努力表达你的厌恶，或是对孩子说，每年买一样新的产品是一种浪费。这么做会为你不准备购买的东西定下基调，不久之后你就会发现你的孩子会模仿你的这种行为。

4. 购买科技产品会把孩子困在虚拟世界，取而代之的，考虑用这部分钱购买特别的，而且可以一家人共享的体验，例如听一场演唱会或看一场戏剧。或让孩子知道一部苹果手机可以买两张机票或是上一整年的网球课。

如果这个年纪的孩子对自己想要的东西态度很坚决，那么就鼓励他们开始做家务来赚这笔钱。制订一个计划，让他们为了自己想要的东西而工作。如果从你那赚钱，或在社区里赚钱是不可能的，那么花些时间告诉他们，你知道他们的感受，但现在你只能花钱购买我们“需要”的东西。然后结束谈话。

底线是，你需要帮助他们形成和金钱之间的健康关系，即使是在贪婪的消费支出司空见惯的亚洲大城市里也是一样。如果你答应他们的要求，花钱帮助他们“与其他人攀比”，或是在不讨论、不拥抱的情况下拒绝他们的要求，他们很容易形成一种和金钱的异常关系。极端放纵和无逻辑、无解释的极度拒绝同样糟糕。

对于那些非常节俭的人，可以在孩子生日或假日的时候尽你所能奢侈一下。这很重要，因为你的孩子每天在做出牺牲，你可以告诉他们，所有这些自律在特别的时候能带来回报。通过向孩子逐渐灌输这些和金钱形成健康关系的想法并练习，你将为他们带来能够持续一生的礼物。

不花钱的乐趣

不论你的孩子有多大，想出一系列不需要花太多钱（或使用科技产品）的活动将让你的家庭受益。这种活动可以很简单，比如晚饭后一起散步，吃着爆米花看电影，随着你最喜爱的音乐伸展或跳舞，一起为全家人做饭，去博物馆参观，去沙滩玩耍，去远足，参加社区中心或基督教青年会（YMCAs）的活动，一起参加慈善活动，骑自行车以及/或在公园里滑旱冰，练习太极或瑜伽……这样的活动无穷无尽！

你变得越有创造力，你的孩子赚钱的时候就会越有创造力，他们会知道如何做出自己的财务决定，并且在不花钱的情况下让自己获得乐趣。

结论

我们的家庭如何处理金钱，以及我们如何与最亲近的人谈论金钱会给人留下一种深刻、持久的印象。不论你的家庭如何谈论和/或处理金钱，你都有机会永远改变这种对话，让它变得更好。你不仅拥有个人财务稳定的权利，你也有能力自己做出决定，并且和你的孩子交流财务所有权的理念。

第4章

金钱障碍=自我破坏

正如我们提过的，在创造财富和长期财务稳定时，储蓄和正向的每月现金流是必须有的。而且你将会在接下来的章节中了解到，你越快开始有策略地进行投资，你就能越好地对抗通货膨胀对储蓄的不利影响。

但是，到目前为止，还有一部分读者依然发现自己不能定期、持续地储蓄或投资。那些拥有一次性补偿金的读者可能仍然觉得，要按照一个合理的预算生活是具有挑战性的。如果你属于这一类人，那么这一章就很适合你阅读。你需要更加仔细地审视为什么自己没有正向的现金流，或是为什么自己不能按照一个合理的、允许你消耗补偿金的预算生活，然后尽力改变现在的状态。

如果你尽可能地有意识地花钱，但依然在为生活挣扎，那么你可能需要重新开始工作来贴补你的抚养费或一次性补偿金。如果你因为正在照顾婴儿或年幼的孩子而不能立刻工作，你也可以思考一下怎么来贴补你的收入。想一想自己能在就业市场提供什么技能，并且/或对一个你可以重新接受训练和逐渐开创事业的领域或行业进行调查。

许多离了婚的女性已经找到了在家做兼职的工作机会，或甚至开始做一些小生意。除非你的现金状况很稳定，否则我并不推荐你开始做生意，不过单亲家庭为自己创造合适的工作机会是一件好事。

但是，如果储蓄和长期投资以外的每件事都似乎更优先，或是偿还债务的念头常常被搁置一边，而且你面对着一个接一个的财务危机，那么有可能你正在进行财务上的自我破坏。一方面想要财务稳定，但感觉自己无法控制钱的流向，而且没有制订计划来帮助自己，那么你可能遇到了一个重要的心理障碍，或者说金钱障碍。

坏习惯还是金钱障碍?

金钱障碍是极端情况下的糟糕的金钱习惯，很少是从离婚开始形成的，大部分是因为离婚而加重的。许多金钱障碍源自于和金钱的异常关系，包括我们更早些时候提过的老一代的观念，或是和自尊有关的问题，即用金钱来攀比或让自己感觉更好。

一个坏习惯和一种障碍之间的区别是是否承认。如果你承认自己有一个坏习惯并且可以打破它，那么就可以找到自己作为成人的意志力并这么去做。尝试运用第 3 章中教过的一些方法，比如先把存款放到一边，那么用这个月剩下的钱量入为出地生活，或是把信用卡藏起来几个月，看看自己没有信用卡能否正常生活。如果你倾向于说或想“我不知道钱都去了哪里”，然后再用信用卡或借来的钱购买自己想要的东西，那么你所说的和你所做的就显然不一致。

就像是吸烟者和喝酒者会在拥有类似瘾头的人身上找到安慰，有些有消费问题的人可能会寻找具有类似破坏性思维模式的“志同道合”的破坏者。尽管这些成瘾的关系可能会给你暂时的安慰或友情，但他们在帮助你自我欺骗，让你失去一个更好的财务未来。

我们在本书开头的时候已经讨论过一些障碍，即习得性无助（Learned Helplessness）和不健康权利（Unhealthy Entitlement），以下讨论的是将在你离婚后伤害你最深的一些障碍。因为这些障碍将影响你有意识消费和/或有效投资的能力。

财务受害者

如果你削减不必要的支出，就可以买得起某些东西或支付全款，你是否还是需要依靠其他人给予的免费赠品或恩惠生活？你是否总是“陷入财务困境”，或常常说“我非常努力了，但还是无法让收支平衡”，但相比其他人，你的收入相对充足或实际上过着一种舒适的生活？你是否不喜欢被告知去做什么，即使这是为了改善你自己的财务状况？换句话说，你是否倾向于寻求建议，但不接受？

对于以上任何问题，如果你有一个答案是“是的”，那么你可能就在扮演财务受害者的角色。尽管你可能扮演得很好，但你不可能永远扮演下去。你很有可能在掩盖冲动消费或其他糟糕的财务习惯，然后为贫困或现金流问题找借口。你可能在合理化让你感觉良好的购物行为，但那也会让你陷入财务黑洞。

财务受害者的问题是，最终你所依靠的人会“明白一切”，然后试着让你摆脱这种依靠，不再给予你财务上的帮助。扮演受害者只会在短期内奏效，因为人们会逐渐厌恶一种自我陶醉的理财方式。

你的前夫可能也在扮演这种角色。在这种情况下，你就需要承担起责任，提防他是享受操纵其他人的那种受害者。他可能会多次尝试逃避支付具有法律约束力的赡养费或子女抚养费。如果他是这么做的，你就需要在问题升级之前把它扼杀在摇篮里。如果他付得起赡养费和抚养费，你应该从法庭取得一份指令，因为在有些司法管辖区，可以安排直接从你前夫的工资里扣除这笔钱。

现状核实：大部分有这种金钱障碍的人已经通过消费来掩盖自己的悲伤或痛苦很长时间了。或者他们的问题更反社会，他们会通过操纵和欺骗他人来获得快感。

如果你是一位财务受害者，你很有可能正在疏远朋友和家人，这么做可能是为了他们好。回到第3章，学习有意识消费的步骤。有意识消费是拯救财务受害者的一种方法。找到你真正的不需要免费赠品的财务基础。

诚实地支付你需要支付的款项，不要用高人一等的态度对待朋友和同事。偿还你欠别人的债务。如果你已经依靠别人太久而且依靠得太多，那么向他们道歉。

自尊的基石不是来自于花钱购买不必要的东西来获得“吃糖以后的兴奋状态”，也不是来自于赢得一笔小钱，而是来自于通过自律和意志力使自己在财务上发挥最大的才能。

炫耀的权利

炫耀的心态常常在离婚苗头出现之前的一段时间就竖起了它丑陋的脑袋。我留意到，那些原先拥有相当有前途的工作，但辞职成为全职妈妈的人常会觉得这种转换很难。曾经，她们可以从工作中获得金钱上的和公众的认可（也就是，拥有一个头衔等），但开始做全职妈妈后，有些女性开始挣扎于这种缺乏自尊和认可的状况。结果就是，出现成就的转移；专业技能带来的成就感以及做母亲得不到的东西被转化成了更物质和肤浅的东西。例如，能够炫耀你最近去的一趟超豪华的旅行会代替你的工作，提升你在妈妈群体中的形象。

然后是离婚。如果当你在婚姻中习惯于做一些能让你在社交群体中炫耀的活动，那么离婚后生活方式的重大改变可能会让你受到打击。这是因为你的自我价值已经部分植根于那些炫耀的权利中。如果对于你来说，在最新的餐厅用餐、入住最新的精品酒店或购买最新潮的时尚物品会导致你放纵自己购买一些自己承受能力之外的东西，破坏你的资产负债表，那么这就变成了一个问题。

回想一下开始形成炫耀习惯时候的情况，思考一下为什么它对于你感觉自己是谁这么关键。你是否在用炫耀的权利让自己感觉更好？到目前为止，你的炫耀权利是否比那些你错过的更真实、更持久的成就更加重要？如果你是一个竞争心超强的人，可能值得探索一些更健康的方法来表达你的竞争欲望。

现状核实：当我辞掉工作照顾我的孩子后，我曾经历过一段低潮期。孩子还是婴儿的时候，我常常遇到财务困难，而且就自己而言，那是我记忆中满足感最低的几年。是的，社会让这种情况变得更糟糕，因为它会轻视母亲扮演的角色，而且让你因为不喜欢每一次换尿布、给孩子洗澡和打饱嗝的过程而感到内疚。

即便如此，这只是我人生中的一个阶段，而且当孩子还小的时候我投注在照顾他们上的时间已经有了上百倍的回报，因为现在他们已经成长为了充满爱以及具有良好适应能力的青年。因此现在，作为一个母亲，我付出的时间和精力要比以前少一些，而且多年的财务自律已经让我获得了可观的回报。我有时间重建我的职业生涯（并且写一本书），参与慈善活动，以及结交一个亲密的朋友圈。所有这一切为我提供了比任何我买过的东西都更多的享受和自尊。

对于离了婚的人来说，这次的现状核实加倍重要。被债务淹没或是因为表面的体面勉强糊口永远不会让任何人获得持久的尊重。找到一种方法，创建一份储蓄计划（见第3章的“练习有意识消费”），然后在预留储蓄金之后给自己一点奖励。放纵自己购买一些小的奢侈品，而不是大肆挥霍来让自己感觉良好。通过掌握一项运动、一门艺术或其他活动，来用一种更健康的方式表达你的竞争热情。或是找一份工作，让你拥有你想要的炫耀权利。

跟上郭先生们

永远不要攀比。让他们降到你的水平。那样会便宜些。

——昆汀·克里斯（Quentin Crisp）

对于大部分人来说，离婚会给自尊带来打击，而且当你无法维持社交圈的消费水平时，就是双重打击。炫耀权利的近亲是攀比者，当攀比者在朋友面前需要削减开支时，他们会感到丢脸和嫉妒，所以常常会为了保住脸面而继续消费。这些行为都会导致资产负债表的数据变得很难看。

众所周知，攀比者很容易被有钱人或有权力的人利用。富有的人在几英里之外就能认出攀比者。这些亦敌亦友的人，如果你愿意那样称呼他们的话，会对攀比者摆架子耍威风。他们可能会让你感到内疚，然后让你在他们的慈善活动上花钱，或是相反地，对你提供的一项服务使劲儿地讨价还价，希望你拍马屁的需要战胜你的常识。有一个例子，我有一位女性朋友经营着一家室内设计工作室，她非常希望制作一份“谁是谁”的客户名单，作为离婚后改善自己形象的一项行动。结果是，那些她非常想保持联系的客户就是那些讨价还价得最厉害，而且最不感激她所付出努力的客户。

与他人攀比或出于“正确的”群体交往的需要可能真的会从不止一个方面让你花钱。就像你的孩子一样，你越早对这样的朋友说不，就能越早为自己的财务界限赢得尊重。

当你处于以下几种情境时就应该开始维护自己：

1. 你和几个女性朋友出去吃饭，她们知道你的财务状况不稳定。其他人都喝了酒，只有你没有喝，但是，到了要结账的时候，她们希望能平分账单，让你为她们喝的酒买单。告诉她们你喜欢她们的陪伴，但你不想为她们喝的酒买单。如果她们不乐意，那么不体谅别人的是她们，而不是你。而且，重新考虑和她们出去聚会是不是消磨时间最好的方法。

2. 你有机会和一个更富有的女性朋友外出旅行。她坚持要住5星级酒店，但你只能承受3星级或更低星级的酒店。告诉她你真的想去，但你的预算是××。如果她想住5星级酒店，而且准备好为你付多出来的那部分钱，让你也升级到5星级酒店，那么接受这个提案，当然是心怀感激地接受。

等你们回来之后，给她写一封真心实意的信（不是电子邮件，而是邮寄的手写信），为她做一顿晚餐，或给她买一束花。有钱的朋友不会和没钱，但挥霍他们小小预算的人做朋友；他们会找一种方法妥协。这时候，把你的自尊，或骄傲放在一边；真正的朋友会很愿意分享他们拥有的东西。

如果你的朋友不愿意妥协，那么你就需要问问自己，她是否是你真正的朋友。

3. 你在做一桩小生意，你更富有的朋友想要你做一些善行。比如“我为慈善机构做公益工作。作为一位财务上很成功的人，我知道你肯定理解我的当务之急。”如果他们恳求你，就说：“你是不是遇到了某种财务上的困难？你想谈一谈这件事吗？”没有哪个任性的有钱人会承认这一点，因为他们担心有人会传播流言。

现状核实：诚实一点，你真正的朋友会理解你。你可以告诉他们，你正在执行退休计划，并且决心定期储蓄和投资，现在这些是你优先要做的事。你最好的朋友会尊重你的财务界限，并且支持你想要财务稳定的意愿。如果他们不尊重你的需要和意愿，他们可能是你想要的朋友，但是你需要的朋友吗？

否认和合理化

在离婚的不同阶段，经历否认是相当平常的事。否认减弱了离婚可能给我们心灵带来的创伤，有助于从心理上保护我们。但是，对于有些人来说，即使他们的资产负债表急须调整，但他们依然超级乐观地思考问题，继续否认需要做出任何改变。我们可以把这些人称为否认和合理化者（D&Rs）。

否认财务问题或不愿意为未来做计划会导致否认和合理化者做出破坏财务状况的行为。我曾经见过破产的否认和合理化者，合理化旅行和购买不必需物品的需要，理由是“它们在大降价”。我也曾经见过否认和合理化者，合理化把应急钱用于购买水疗会员资格的行为。

否认和合理化者会拖延承认预算需要进行调整，他们永远不会培养有意识消费的习惯，而且永远不会接受自己做出一些改变来调整自己的财务状况。他们也不会练习抑制冲动消费的自我控制方法。结果就是，这种“每时每刻都富足”的思维方式通常会发展成为旧式的痴心妄想以及一个空空如也的银行账户和一堆信用卡债务。

拥有否认和合理化性格的人通常有依赖的问题。这种依赖会导致他们推迟做计划和采取积极的行动，因为他们让自己困在和同一个人（前任伴侣、家庭成员等）的情绪斗争里太长时间而不去解决问题。结果就是，他们可能会执着于虚假的希望，并且忽略现实。

只有当否认和合理化者对财务状况感到绝望时才倾向于面对现实，比如破产了或损失了大量的收入。他们要不就会面对这一切，要不就会因为自己无法面对现实而变成财务受害者。

我认识一位女士，让我们称她为苏珊（Susan），她是一个被困在典型的否认和合理化心理斗争中的人。她喜欢“人们谈论她”。她感觉生活就像是做广告：“不论好坏，人们说一些有关于你的事情总比什么也不说要好。”

在离婚5年后，从拥有一些存款和一笔像样补偿金的苏珊变成了欠下了大量债务的苏珊。人们肯定会谈论她，但都是因为错误的理由。他们说，苏珊，那个到处说“生活多么美好”的女人，似乎过着不安定的生活。这种从他人那持续获得安慰和注意的需要是一种明显的依赖信号。

你是否感觉有必要告诉人们你的生活有多美好？同时，你是否有长期的信用卡债务或总是有现金流问题？你是否常常做计划，但无法执行？你是否更愿意逃避问题？这一切是否让你筋疲力尽？对以上任何一个或全部问题回答“是”就是否认和合理化的一个明显信号。

现状核实：抱最好的希望，做最坏的打算，也就是实际的乐观主义，和“就是相信一切问题都会找到解决办法的”之间是不一样的。你正在寻找的可能是内心的平静，所以首先承认这一点，然后开始诚实地面对自己。

整理好你的资产负债表和现金流量表。用你拥有的钱有意识地消费。只做自己可以做的事情，把其他事情放到一边。如果靠自己承认事实太痛苦，那么请找一位治疗师，引导你从否认走向真实。

短缺心态

拥有和“每时每刻都富足”相反心态的人相信，世界是一个大小固定的派，它永远不会变得更大。所以他们今天拥有的东西也就是今后拥有的东西，永远不会变得更多。他们感觉不幸随时可能降临，而且没有“呼吸空间”① 来把握机会或做出高明的投资选择。

他们相信，每有一个人赢，就会有一个人输。因此，他们拥有极端规避风险的想法，而且回避创造财富的方法，比如通过新的工作机会或稳妥的投资。这不仅仅是感觉“看跌”（当人们认为一项资产的价格会下降时用的一个词），或是做一个“保守的”投资者（更喜欢低风险投资的人）。拥有短缺心态的人长期恐惧和压抑，这种压力会侵蚀他们的创造力和活力。

从根本上来说，这些人不相信自己或自己的判断，所以他们什么也不做。经常感觉短缺通常是因为经历过财务创伤或继承了上一代的创伤，即记住了上一代人“不要相信任何人”的告诫。

这就像是一位母亲小时候在牙医那里有过不愉快的经历。因为这种糟糕的儿时经历，她不会带她的孩子去看牙医，直到孩子的牙齿被腐蚀。现在，当孩子需要坐在牙医的治疗椅上好几个小时接受牙根管治疗时，他（她）就会体验到成年人的创伤。这就是创伤如何从上一代传递给下一代，而且永远也解决不了。

---

① 译者注：意为喘息的时间。

现状核实：需要囤积的是松鼠，而不是人。毫无希望地，带着恐惧和压力生活会让你生病。读完这本书，如果你依然不知道为了创造更稳定的财务未来接下来应该怎么做，那么找一位治疗师，帮助你调整你的负面思维模式，并且把你的精力重新引导到积极的方面。

结论

正如我在第 2 章和第 3 章中所说的那样，财务安全和形成持续、健康的消费与投资习惯有很大关系。你也需要了解自己拥有什么权利，并且每天掌握自己的财务决定。大部分时候，只要你能够自律或可以形成这样的习惯，你就不需要任何专业人士的干预。

但是，如果你感觉自己无法形成这样的习惯，或是无法为你的财务未来制订现实的计划，那么找一位注册理财规划师（CFP）帮助你看清自己的财务现状。如果你不能坚持按照理财规划师的建议制定预算和储蓄，那么你可能是想要尝试接受治疗或咨询。

第3部分 赋权

赋权是一个被过度使用的词，特别是在关于女性的书中，有时候赋权失去了它真正的意义，所以让我定义一下赋权在财务计划和投资背景下的意义。赋权指的是会反过来增加投资机会的知情选择。被赋权的投资者明白投资是有风险的，但他们也明白有些选择可以让他们降低，而非消除这些风险。被赋权的投资者会学习如何用自己的钱赚钱，他们不会囤积现金，或是只依靠顾问的建议，顾问可能不会总是心系投资者的最佳利益。

作为你离婚补偿金的一部分，你将拥有以下的所有或其中的一个组合：

· 一次性支付的补偿金，其中有一部分可能是现金。

· 持续支付的赡养费和/或子女抚养费。

· 留给你的投资项目，例如房产、养老金或投资计划，以及证券投资组合。

因此，投资的钱应该来自于你的每月现金流，在拥有一笔一次性支付补偿金的情况下，可以来自于你目前的财产，或是来自于出售房产或类似财产的收入。

最后的这几个章节将证明，为什么人们会为了实现未来的财务目标而把钱投入不同的资产。他们会为你提供一个棱镜，透过这个棱镜，你可以看到真实的退休计划、不同的资产类别，以及整体的金融行业，那样你就可以选择如何最佳地投资你目前拥有的补偿金或每月现金流，以实现具体的财务目标。

第5章

时间、目标设定和退休计划

真正的目标设定和策略性的投资计划是投资中最不被理解和最容易被忽视的部分，这个现象以销售为导向的金融服务行业最为突出。结果就是，投资初学者要么就是错误地过于重视策略，要么就是缺少真正的长期目标或计划。

策略导向的投资者想要通过集中关注一次性的投资理念来深入投资，比如“我需要挑选一些好的股票或基金”，或是“我想要在金价下跌10%的时候买入黄金”。这就相当于在说，你将计划一个为期3周的假日，但你只会选择你想要的水疗项目。不知道如何正确进行长期投资的客户常会让我看一看他们的证券投资组合，然后问我：“你看我做得怎么样?”好吧，你做得怎么样是得对照很多东西才能看出来的，比如你对证券投资组合的期待是什么？你“想要”和“需要”从这些投资产品中获得多少收益?

投资初学者进行投资常常是因为他们知道自己应该投资，而且因为其他人也在投资，但是他们没有真正思考过自己为什么要投资以及投资后想要实现的目标是什么。因此，你需要理解为什么投资，然后在进行任何投资之前，先设定适合你独特状况的财务目标。所以，相比为了投资而投资，让我们首先理解为什么长期来看投资是一个好主意。

时间会如何创造或摧毁财富

正如早些时候提到的那样，时间和金钱之间存在一种特殊关系，这就是为什么你越快接受健康的权利和所有权，你就会过得越好。许多人害怕投资，要理解你为什么应该投资，而不是仅仅把钱存在银行里，就需要了解“金钱的时间价值”这个概念。这是你在学校里学不到的最重要的经济概念。

不论何时你听到有人说“支票正在邮寄”，你就应该想到金钱的时间价值。金钱的时间价值指的是今天赚到、收到或存起来的钱的价值要比明天这笔钱的价值更高。这是因为有两种反作用力在起作用：（1）你手头拥有的钱能够给你一笔收益，意思是你可以用某种方式投资这笔钱，让它为你带来更多的钱，以及（2）通货膨胀的力量，通货膨胀会缓慢地破坏你放在银行里的未投资的钱的价值。

复利之美和通货膨胀的危险

把所有的钱存进银行看上去可能是一条安全的策略，但如果你选择不进行投资和赚取收益，你的存款就会面临通货膨胀的破坏。因此，为了与通货膨胀斗争，并且让钱“为你工作”，你就应寻求收益，并且在安全的银行账户之外进行投资。

收益和复合收益：金钱创造者

大部分投资通过两个主要方式“赚钱”：

1. 资本收益（你买进某样东西和卖出它之间的差价）；
2. 当你持有资产时赚得的收入（现金流）。

收益是基于你在一项投资中获得（或失去）的总金额。例如，如果你以100 000美元的价格买了一栋房子，一年后以120 000美元的价格出售，你的资本收益就是20 000美元。在那一年期间，如果你获得了10 000美元的租金收入（扣除任何费用），那么这就是你的收入。所以你的总收益是 \$10 000 + \$20 000 = \$30 000。你那一年的总收益率是 \$30 000 ÷ \$100 000，或30%。

当你投资某样东西的时候，只有当最终有人为这样东西支付更高的价格时，你才会获得资本收益。投资的不一定是房产，可以是任何的种类，包括公司股票（股票）、一件艺术品等。如果没有人为你的投资支付更多的钱，那么当你出售它的时候就会出现资本损失。

在上面的例子中，收入就是当你拥有房产时赚得的钱，这和房产的价格或认知价值无关，这两者会在比较长的时间里波动。如果你的储蓄账户里有现金，那么收入就是银行支付给你的利息。如果你借钱给某个人，而且期望他（她）可以全部还给你，那么收入就是你因为借钱给那个人而获得的利息或额外的钱。这些获得资本收益、带来收入的“东西”就被称为资产。在理想的情况下，随着时间的推移，你的资产会给你带来收入和资本收益，最终带来一笔更大金额的总收益。

复合收益率

假设你从上面的例子里获得了10 000美元的房租收入，然后把这笔钱存进了一个年利率4%、每季复利的储蓄账户。这意味着每个季度银行会向你的储蓄账户支付账户余额的1%。正如你在下一页可以看到的那样，你账户中的余额会稳定地增长，每个季度你都会获得更多的钱。

	第一季度	第二季度	第三季度	第四季度
最初的金额	$10 000	$10 100	$10 201	$10 303
你赚的钱	$100	$101	$102	$103
余额	$10 100	$10 201	$10 303	$10 406

在这个例子中，你的复合收益率是4.06%，而不仅仅是4%。随着钱数的增多，这笔钱的投资基础或余额也会增长，而且你的钱被投资的时间越长，余额就会增长得越快，即使你并没有往这笔钱中再投入1美元。如果这笔钱在这个账户中以相同的复利增长，20年后，你的账户余额将会达到22 167美元。

如果这个例子中的利息是每天支付一次，那么相比每3个月支付一次，你的钱会增长得更快。你一年的复合收益率将会是4.08%，20年后，你的账户余额将会达到22 254美元。对于复合收益率来说，要意识到和记住的很重要的一点是，**重要的不仅仅是利息有多高，还有你获得利息的频率。**

这就是我那13岁的儿子口中的“滚雪球效应”，即拥有复利的投资。一开始，你滚了一个小雪球，然后一直滚动它，所以它粘上了更多的雪。你滚动雪球的时间越长，雪球就会变得越大。因此，其他的条件相同，相比你从40岁或50岁开始进行投资，如果你在30岁的时候就开始投资并获得复合收益，你会获得多得多的收益。

72法则

72法则是投资初学者应该了解的有关复利的一条经典法则，这条法则阐明了依靠获得的收益，你可以快速地让你投资的钱翻倍。这条法则是这样的：如果你把任何投资获得的收益分成72份，你就会知道要让这笔钱翻倍需要多少年的时间。

如果你每年能获得4%的投资收益，那么让你的钱翻倍需要18年的时间。如果你能而且愿意承担更大的风险，让你每年的投资收益上升到7%，那么让你的钱翻倍需要10年多一点的时间。以此类推，希望你可以开始看到时间和金钱之间的积极联系。

每年的复利（%）	让你的钱翻倍需要多少年（年）
1	72
2	36
3	24
4	18
5	14.4
6	12
7	10.2
8	9

整理过的电子表格——玛格丽特（Margaret）的资产和收益

了解你的总资产和凭借这些资产所赚得收入的最有用方法就是，准备一张资产负债表，追踪或预估你每年赚得的收入。把你所有的资产和它们的收益整理在一张电子表格中，这么做可以对你所持有的资产有一个概览，并且可以从中发现改善收入状况的机会。这里有一个例子，展示了一张追踪多年的资产负债表中的资产份额：

玛格丽特的资产在女性投资者中非常典型。她是居住在中国香港的一个新加坡人，拥有大量的资产，但是每年她通过这些资产获得的收入却相当少。她的大部分收入都已经**呈现在表格里**，这表明我们看到“资产收益”一栏中的数字就是她房产价值上涨带来的收益。我把“呈现在表格里”用黑体字表示是因为，在表格里所有的收益看起来都很棒，但除非

玛格丽特的资产

						收入	资产收益	总收益率
	1.27	1.00	0.16	1.22				
	加拿大元	新加坡元	港币	美元				
现金账户								
银行—中国香港			500 000			0	0	0%
银行—新加坡		20 000				0	0	0%
小计					100 000			
投资账户								
投资账户 1				125 000		2 375	5 000	6%
投资账户 2				55 000		825	3 000	7%
小计					192 100			
房产								
加拿大房产	500 000					0	25 000	6%
中国香港房产			15 000 000			0	250 000	2%
小计					3 035 000			
总资产（新加坡元）	635 000	20 000	2 480 000	219 600	335 4600	2 623	81 510	2.5%

你出售房产，获得现金，否则这些收益就无法兑现。如果房地产市场走势下跌，这些“表格里的收益”就会开始缩水，甚至变成负的数字。

玛格丽特需要做的是，懂得如何凭借她目前的资产创造更多的现金流，目前她所有资产的年收益率只有2.5%，实际的现金收益率只有0.08%。长期来说，资产收益是很好的，也是必需的，但因为随着时间的推移，所有的资产价格都会经历上涨和下跌的周期，能对你的财务稳定带来巨大影响的是凭借资产赚得的收益。我们将会在接下来的章节里探讨如何赚取更多的收入。在这里，我只是展示了一位投资者整体资产和收益的概览。

通货膨胀——金钱摧毁者

正如我之前所说，当你积累复利时，时间是个帮手，但如果你没有把存款用于投资，时间将对通货膨胀起完全相反的作用。通货膨胀就像是钻木的白蚁，吃掉你的购买力，像食物和房子这样的生活必需品价格就会上涨，你需要支付更多的钱来跟上通货膨胀的速度。对于最近的储户来说，通货膨胀更大幅地削弱了他们的购买力，因为像食物、房租、医疗这样的消费项目价格近来在全球都大幅上涨。

对于离了婚的人来说，一开始似乎收到了一大笔钱，但如果你没有收入，也没有靠这笔钱赚取收益，那么随着时间的推移，生活必需品的价格逐渐上涨，这笔钱可能会严重缩水。这就有点像是在看一块冰块融化，只是你的钱因为通货膨胀的热度而缩水了。

但我想把钱放在银行！

当谈到投资时，你需要处理自己对于冒风险的感觉（或担心）。我们都害怕失去自己拥有的东西——这很正常。但是，不论金融或房地产市场的衰退具有多么大的破坏力，长期来看，更具有破坏力的是，当你把所有的钱都存在银行的一个储蓄账户里，却只收到很少的利息或根本没有利息，这就是我们如今面对的现实。我确实理解投资会令人多么紧张不安，而且金融行业整体已经变得非常复杂和无益。

对于坚决的储蓄者，也就是那些不想冒任何风险投资获益的人，你需要一个不同的计划，那就是“我如何做才能战胜未来的通货膨胀?”很大程度上要靠储蓄更多，赚得更多和花得更少。

以下这张表格展示了两个人的财产情况，这两个人对于储蓄和投资采用了不同的方法。普里玛（Preema）想用她的钱进行长期投资，而凯瑟琳（Katherine）害怕投资，所以她决定把所有的钱存进银行。这两位女士都想在中国香港退休。

让我们假设每年的通货膨胀率是3%，这是根据过去5年亚洲的实际情况确定下来的一个合理的数字。最开始的时候，她们俩的退休储蓄金“罐”里都有200万港币。普里玛用这笔钱进行投资，15 年来每年可以获得 4.5% 的实际收益（扣除了通货膨胀的影响）。凯瑟琳没有任何收益，因为她只是把钱存在银行里，所以由于通货膨胀，她基本上每年会“损失”3%。两栏数据代表了两位女士 15 年来的实际收益。

年	普里玛	凯瑟琳
1	2 090 000	1 940 000
2	2 184 050	1 881 800
3	2 282 332	1 825 346
4	2 385 037	1 770 586
5	2 492 363	1 717 468
6	2 604 520	1 665 944
7	2 721 723	1 615 965
8	2 844 201	1 567 486
9	2 972 190	1 520 462
10	3 105 938	1 474 848
11	3 245 706	1 430 602
12	3 391 762	1 387 684
13	3 544 392	1 346 054
14	3 703 889	1 305 672
15 年来的总实际收益	3 870 564	1 266 502

15 年后，普里玛的钱几乎翻了个倍（72 ÷ 4.5 = 16），而凯瑟琳每年需要再存近 49 000 港币，才能做到在通货膨胀后“持平”。如果你很难相信这个事实，那么想一想 15 年前买一栋房子需要花多少钱，现在又需要花多少钱。10 年或 20 年前的一笔钱在如今不可能买到与当时相同数量的商品或服

务。通货膨胀是真实存在的，而且它对我们生活水平的影响在短期内不会消失。是的，你的钱正在蒸发！

当全球大部分资产基本上都“大降价”时，我们将会经历一轮又一轮的通货紧缩或物价的下降，我们将再次经历2008年那样的情况。就个人来说，我很期待发生2008年那样的大降价。但长期来看，通货膨胀会持续存在，对于一位退休者或一个依靠像赡养费那样的固定收入生活的人来说，通货膨胀是最糟糕的敌人。所以，如果你不想在储蓄账户以外投资你的钱，你就必须找到应对通货膨胀的策略，因为你在未来必定会遇到这种情况，要不就是赚更多的收入，要不就是花更少的钱。

梵天① VS. 湿婆②

如果你了解印度教神话，那么就把复合收益想成创造之神梵天，把通货膨胀想成毁灭之神湿婆。理解这些概念很重要，对于那些想把所有钱都存入现金账户的离婚者来说尤其重要，因为这样做他们就无法靠自己的钱赚钱。

当我们开始探讨投资本质的时候，会重新回顾这些概念。你在“靠自己的钱”赚取收益之前等待得越久，在人生后期就会越感到需要冒更大的风险进行投资，以弥补错失的时间或战胜金钱摧毁者——通货膨胀。这是许多40岁及以上

① 译者注：印度教主神之一，印度婆罗门教的创造之神。
② 译者注：印度教三相神之一，毁灭之神。

的人会陷入的困境，随着退休日期的临近，他们意识到自己拥有的资金远不能让自己过上舒适的退休生活。对于以风险规避为主导的单身女性家庭来说，享受复利的收益是必要的，不论收益多少，在可行的范围内尽快开始投资。

真实收益VS. 名义上的收益

在上面的例子中，我提过凯瑟琳在通货膨胀后的，或者说“根据通货膨胀进行调整后的”收益。这种收益叫作真实收益，不是名义上的收益。名义上的收益是大部分金融产品营销过程中被吹嘘的收益，那就是为什么这些产品的收益常常高得令人难以置信。名义上的收益没有把通货膨胀的因素考虑进去。讽刺的是，我们现在生活的世界着迷于名义上的收益，关于真实收益的谈论还远远不够。

真实收益就像它的名字一样，是真实的收益，这是你将用之生活的收益。真实收益把你的购买力考虑了进去。所以，当你的投资顾问说，他可以为你赚得8%的收益时，你需要问一句：“这是名义上的收益还是真实收益?”答案几乎总是名义上的收益。如果通货膨胀率是3%，那么8%的名义上的收益中真实收益只有4.85%。[①] 尽管不太准确，如果你从名义上的收益中扣掉通货膨胀率，你将会获得真实收益的近似数。

---

① 想要获得更多关于如何用金融计算器进行计算的指导，请参阅附件3中的“使用金融计算器”这一部分内容。

当你计划依靠一笔离婚补偿金或退休金生活时，你应该总是用真实收益进行思考。名义上的收益听起来更让人舒服，但真实收益是最实事求是的。通过使用真实收益，你将能够更清晰地理解金融行业提供给你的信息。最重要的是，通过使用真实收益，当你在计划像退休这么重要的事情时，可以确保自己不会差很多。

真实收益率（或“根据通货膨胀进行调整后的”收益率）

名义收益率是8%。

通货膨胀率是3%。

输入1.08

除以1.03

减去1

乘以100

结果：4.85%

4.85%就是这种情况下的真实收益率。

本国货币

关于收益，你需要记住的另一关键词就是货币。你需要用“本国货币”进行思考。我最近注意到，中国香港和新加坡的许多财务顾问都在引导客户关注美元的收益。就像你需要用真实收益思考一样，你需要了解打算用于投资的那种货币的收益。

这意味着，如果你正在投资一个退休投资组合，而且你将在新加坡退休和生活，那么你就需要了解新加坡元的收益。如果你是一个生活在中国香港的加拿大人，而且为了在加拿大退休，正在存一笔加拿大的退休储蓄金，那么你就需要了解加拿大元的收益，以此类推。有时候，某种货币的收益会看起来更多，所以确保自己了解的是对你有意义的货币的收益。

风险与收益——长期投资基础

风险与收益的一般经验法则是：风险越高，收益越多；风险越低，收益越少。例如，在过去的40年里，在大部分亚洲城市，相比把钱存在银行里，如果你投资了股票指数基金（股票）或房产，你就能够用自己的钱赚更多的钱。但是，这期间你也需要经受住一些令自己反胃的市场涨跌和几场金融危机。

正如我提过的那样，如果你在任何时候都不想冒亏损的风险，那么你的收益将会是0%，而且正如以上的例子中凯瑟琳遇到的情况，随着时间的推移，通货膨胀会降低你的购买力，如果把这个因素考虑在内，那么你可能会有负收益。以下是一张图表，展示了被称为“资产类别”的投资产品，比如股票、债券等，以及它们的历史风险与收益资料。

这可能是一张以美国为中心的图表，但观点很简单：当你承担更大的风险时，从长期来看，通常可以期待获得更大

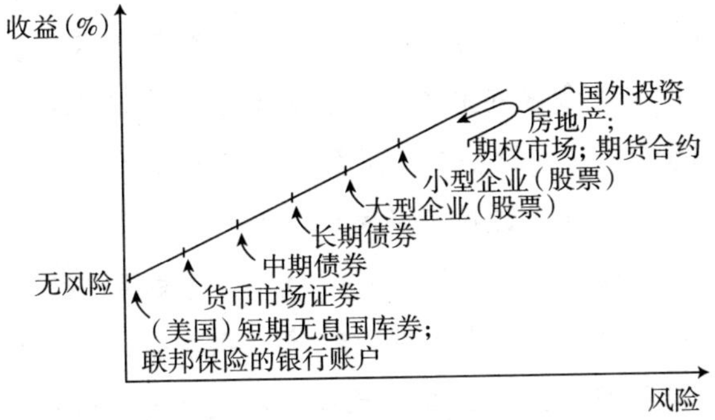

来源:http://fycs.ifas.ufl.edu/younginvestor/module3/mod3sec1-3.shtml。

的收益。把钱存在银行账户的风险比购买房产或公司股票更低,但相应的,你也只能获得非常少的收益。实际上,在如今低利息的环境中,亚洲主要金融中心的大部分银行存款或定期存款只能为你提供不到0.5%的收益。①

危险信号

不存在高收益、低风险的投资。这里,我想简短地提一提两个金融诈骗危险信号。如果有人试着向你销售一个类似低风险、高收益的概念,那么这个人可能就在进行某种金融诈骗。基本上不存在无风险、高收益的投资,至少在合法的投资中不存在。

而且,如果有人向你销售"每年持续获得正向收益",

① 了解更多,请阅读附录2中的"关于风险和收益"部分。

不会有哪年“下跌”或“亏损”这种概念，你需要先暂停一下，好好想想那怎么可能。不管财经媒体想要传递什么样的信息，管理他人金钱的金融天才少之又少，可能你用一只手就能数出世界上真正优秀的投资者。如果真的存在一种方法，能一年又一年地让投资获利而没有任何损失，那么这种方法很快就不会是一个大秘密，每个人都将使用这种方法。

英国的退休者把所有的钱存进了“高收益，零风险”的冰岛银行储蓄账户，当2008年金融危机发生时，他们只能眼睁睁地看着账户里的钱就那么蒸发不见了。或者你可能听说过伯纳德·麦道夫（Bernie Madoff），他用“持续增长的收益”从退休者和慈善机构那诈骗了几百亿美元。麦道夫口中没有“亏损的年份”，直到后来事实被揭发，原来他是个骗子，愚弄了大大小小的机构投资者。

离了婚的人可能会特别脆弱，被“零风险”或“收益持续增长”的概念所吸引，因为对于担心财务状况的人来说，这种承诺听起来特别诱人。在“钱来得很容易”的环境中，就像我们现在的环境，拥有充足的借贷而且经济状况看起来很好，在这样的大环境中，欺诈行为可能可以持续很久。通常只有经济危机发生时，欺诈行为才会显露出真面目。对于任何可能涉及这两个著名的风险收益危险信号的提议，你都必须进行仔细考量。

目标设定：准备开始

资产负债表被牢牢掌握在手中，现金流也在控制之下，你还需要问问自己是为了什么而投资。这项投资的目标是什么？你需要在什么时候实现这个目标？当你实现了这个（些）目标后，会用这笔钱做什么？在所有这些问题的基础上，你需要多少收益？以哪种货币的形式？

如果你是投资新手，那么首先为自己设定两个目标：一个长期目标，一个短期目标。将目标分解成短期目标和长期目标的原因是，这些目标拥有不同的投资期。投资期是你在开始投资前需要熟悉的最后一个概念。你的投资期就是你的投资终点线；投资期到期的时候你将需要减少投资，然后开始使用你一直以来用于投资的钱。

因为你的投资期长度各不相同，最终你可能会运用不同的储蓄或投资策略来实现不同的目标。短期目标是你可以在3个月到两年之间实现的目标。短期目标包括有，偿还债务、存足够多的钱付房子的首付或创建一笔应急存款。对于短期目标来说，你唯一的投资策略可能是找到一个利息不错的储蓄账户，当你需要的时候，能尽快取到这笔钱。

长期目标是需要花更长时间去实现的目标。长期目标包括，还清房贷，或创建一笔退休储蓄金。如果你的孩子不到11岁，那么大学储蓄金也属于长期目标。但是，请记住：除非你的退休储蓄金已经到位，否则不要开始考虑为孩子创建大学储蓄金的事。没有人会给你一笔奖学金来资助你退休后的生活。

你的目标可能多种多样，但每个女性都应该拥有的三个优先目标是：拥有非常少的信用卡债务（或者是停止完全依靠信用卡生活，用每月的无息浮动储蓄）①，拥有充足的应急存款和退休储蓄金，当你不再拥有收入（或收到赡养费）时可以靠这些钱生活。理想地说，后者的目标应该包括拥有一个家，或住在一栋属于你自己的房子里，不用担心被赶出去。

意图：实现你财务目标的思维模式

设定目标帮助人们专注于他们的计划，你必须保持灵活，允许发生一些变化。中国有一条古老的谚语是这样说的："只要方向是正确的，目标不需要太具体。"②

就像谚语所说的那样，它真正表达的就是意图。换句话说，实现目标的意图应该是诚实的、真实的，而且在可能的范围内。如果你最后找到了比最初的计划更好的投资计划，或是相比把钱存起来作为某人的大学储蓄金，你选择回到学校提升你的技能，这都没有关系。关键是，你需要通过强大的金钱管理技巧来培养自律，比如现金流管理，当这种技巧和正确的意图结合起来时，它将引导你走上正确的方向。

你在读到这里的时候可能已经感觉到了，我怎么都强调不够退休计划的重要性。大部分人到了人生太晚的时候才试

---

① 译者注：括号中原文是 save using the monthly interest – free float，不太明白，这里直译。

② 谚语原文是 As long as the direction is correct, the goal need not be too specific，想不起来这样意思的谚语，这里直译。

着去思考自己将如何依靠退休储蓄金生活。对于某个经历过离婚的人来说，如果你没什么计划，那么现在就可以开始思考当你不再工作或获得像赡养费那样的收入时，你将如何养活自己。

设定财务目标的例子：退休前景计划

对于有些女性来说，离婚就意味着退休。换句话说，你可能被迫靠离婚补偿金生活，无法实现重要的职业回归。对于其他女性来说，如果她们想一直工作到某个具体的退休年龄，那么要到60几岁或更晚才能退休。

有些离了婚的人会计划再婚，特别在亚洲，许多女性计划老了以后和她们的孩子一起生活。当然，这是可以实现的，那这样的计划很棒，很多时候这种计划确实可以实现。但是，为了更好地计划，考虑如果因为某些原因，你必须自己照顾自己，那么你将如何生活的情况，总是会比较明智。就这一点来说，尽管如果能依靠政府或企业的退休金生活是很好的，但在你的计划中，退休金最好只是你收入的补充，而不是你的全部。

当你为退休做计划时，你需要问自己四个基本的问题：

1. 我将在哪里生活？

2. 退休从什么时候正式开始？换句话说，到什么年纪你就不会拥有收入，或不再收到前夫付给你的可观的赡养费了？

3. 每年我需要多少收入才能养活我自己?

4. 我的生活方式会是什么样的（活跃的还是更安静的）?

在以上的所有问题中，“在哪里”和“什么时候”最重要，因为根据这两个问题的答案大致就可以回答“我需要多少”这个问题。

对于“在哪里”这个问题，每个人都想住在家人附近，但是如果你不能和家人一起住，那么要考虑住在家人附近的费用。了解一些简单需要的费用，比如医疗护理和食物，不仅指现在，还有将来，因为通货膨胀持续存在，所以这种考虑是必需的。

对于亚洲的大城市来说，最显著的是中国香港，钉住美元汇率①已经导致房地产和进口商品出现了巨大的通货膨胀。作为一个岛国，新加坡在过去几年里也经历了食品价格的大幅上涨，因为新加坡的许多食物是从国外进口来的。因此，如果在这些地方退休会使你消耗大量的退休储蓄金，那么考虑在其他地方退休可以帮你节约开支。

“什么时候”很重要，因为它具体说明了金融人士口中的你的投资期。在你需要开始取出存款，用它养活自己之前，你可以投资多长时间? 到那时候，你可能依然在进行投资，但你得考虑每年从退休储蓄金中取出一部分来确保现金流。

---

① 译者注：钉住美元汇率指一国使本币同美元保持固定比价的汇率。

与退休计划有关的最后一个问题“什么样”，我们可以用需要和奢侈的程度来回答。如果你有充足的钱，可以选择自己的生活方式，那会是极好的。如果你预先做好计划，那么你不会因为缺少存款而无从选择。

为了熟悉退休计划的过程，让我们看一看两种可能的情况：一位定期获得赡养费的离婚者，还有一位只获得一笔一次性补偿金的离婚者。

我退休后需要多少钱？玛丽亚（Maria）的故事

玛丽亚是一位40岁的单亲母亲，有一个10岁大的儿子。他们住在新加坡，她的儿子在东南亚联合世界书院（United World College of South East Asia）上学。玛丽亚没有任何债务，而且已经预留了一笔80 000新加坡元的应急存款，这笔钱可以轻松地负担他们6个月的开支。

一方面，她想在老了之后和儿子一家生活在一起；另一方面，她知道明智的做法是独立地生活。玛丽亚想为自己存一笔退休金，因为她想在退休后能自给自足。

现在，玛丽亚有一份行政助理的全职工作，每月赚大约3 000新加坡元。她每月会收到5 000新加坡元的赡养费，还有大约3 000新加坡元的子女抚养费，直到儿子大学毕业为止。目前，玛丽亚还没有退休资产，所以没有资产负债表，但她的每月现金流大致是这样的：

收入	$
行政助理的收入	3 000
子女抚养费	3 000
赡养费	5 000
总收入	11 000
支出	$
食物和衣服	2 000
房租	2 500
旅行、交通、汽油	500
娱乐、俱乐部	500
学校费用	由前夫支付
课外活动	500
帮手	500
水电煤气费	300
税金节约额	500
总支出	7 300
储蓄/赤字	3 700

玛丽亚想在新加坡退休，但是，因为新加坡的生活成本非常高，所以她在考虑另一个选择，在巴厘岛退休。我们为玛丽亚进行前景计划练习，我们假设她在62岁退休，而且在62岁之前都能收到前夫的赡养费（只要她的前夫还有收入，就应该支付赡养费，这里我们做了一个保守的假设），这样我们就能比较在巴厘岛退休和在新加坡退休的支出。

除了玛丽亚的新加坡强制性退休账户里有一小笔钱，她没有其他退休储蓄金，所以我们从零开始。（记住她的应急存款需要和这次的投资练习分开）。玛丽亚假设自己可以回到新加坡接受重要的医疗护理，因为她是新加坡的永久居民，可以使用她的公积金保险计划。

这么做是为了弄清楚，如果玛丽亚想实现自己的退休目标，每月需要储蓄和投资多少钱。我们也需要弄清楚她的投资会获得多少收益。

巴厘岛退休计划

玛丽亚的巴厘岛退休计划

玛丽亚目前的年龄：40。

玛丽亚的预计退休年龄：62。

在退休前，玛丽亚还有（62 - 40 = 22）22 年工作的时间。

预计平均每年的通货膨胀率是2%。

玛丽亚的退休金在考虑了通货膨胀后的平均每年收益率是2%。

第 1 步 如果玛丽亚在巴厘岛生活，她每月的生活成本是 1 750 美元。接下来，我们需要计算出她 22 年里的每月生活成本。

在 PV 中输入 1 750。

在 N 中输入 22。

在 PMT 中输入 0。

在 I/Y 中输入 2（这里指的是通货膨胀率）。

按下 CPT 按钮，然后按下 FV 按钮。

结果是 2 705。

这意味着，在 22 年的时间段里，由于通货膨胀的影响，玛丽亚的每月生活成本将从 1 750 美元上升到 2 705 美元。

第 2 步 将 2 705 × 12 = 32 465。如果玛丽亚生活在巴厘岛，这就是 22 年后她每年的生活成本。

第 3 步 玛丽亚的寿命预计是 90 岁，所以她需要一笔能维持她（90 − 62 = 28）28 年生活的储蓄金。

第 4 步 在考虑到退休后能获得 2% 真实投资收益率的情况下，计算玛丽亚需要的储蓄金金额。

按下黄色的 2nd 按钮，然后按下 PMT 按钮（它的上面有 BGN 按钮）。END 可能会出现。如果出现了，你需要按下最上面一排的 ENTER 按钮。然后再次按下 2nd 按钮，直到你看到 BGN。这是需要的，因为你的钱是在这个时间段的初期提取的。

在 PMT 中输入 −32 465（它是负数，因为你正在花这笔钱）。

在 N 中输入 28。

在 I/Y 中输入 2（现在这代表了退休后你从储蓄金上获得的收益率）。

在 FV 中输入 0。

按下 CPT 按钮，然后按下 PV 按钮。

结果是 704 714。

这表明，如果玛丽亚选择在巴厘岛退休，那么到她退休的时候，她需要704 714 美元的储蓄金，来负担自己今后的生活。

玛丽亚选择巴厘岛的原因是，那里生活成本较低，而且她很享受巴厘岛那种轻松随意的生活方式，她对艺术感兴趣，而且她很喜欢的一点是可以以很低的价格请人帮自己做家务。缺点是不容易获得医疗服务，所以她需要确保自己在遇到紧急事件、严重的疾病，或威胁生命的疾病时，可以转移到新加坡接受治疗。

目前，玛丽亚正在工作和抚养自己的儿子，每月需要支出7 300 新加坡元。她估算过，如果自己在新加坡退休，每月仅养活自己就需要5 000 新加坡元。但是，如果是在巴厘岛，玛丽亚相信自己的每月支出将会是1 750 新加坡元，房租已经包含在内。考虑到巴厘岛的生活成本只有新加坡的35%，巴厘岛看起来是个非常具有吸引力的选择。

需要注意的很重要的一点是，这些金额，新加坡的5 000 新加坡元，巴厘岛的1 750 新加坡元，都是“今天的价格”，因为我们没有把现在到她退休之间的通货膨胀考虑在内。所以，当我们实际计算时，这些数字会增加，因为受到通货膨胀的影响，未来每月将需要更多的钱来购买相同的商品和服务。

玛丽亚生活成本的计算基于这些假设：

· 她将在62 岁退休。

· 她将活到 90 岁。

· 62 岁之后，她的前夫就不会再给她赡养费。

从现在到退休，有以下假设：

· 玛丽亚每月将投资 2 000 新加坡元。

· 玛丽亚在退休前将获得平均每年 5% 的真实收益，退休后将获得每年 2% 的真实收益。

· 在退休前和后，通货膨胀率将是 2%。

因为玛丽亚每月会投资一笔固定金额的钱，所以她是在投资中运用“美元成本平均法”①，或是把自己的钱“滴”入投资中，而不是一次购买大量股票或债券。美元成本平均法的优势是，你不需要担心市场何时处于高点，何时处于低点。你可能在市场高点时进行了一些投资，毫无疑问你也可能在市场低点时进行了投资，在一段时间内，这将让你的收益趋于平均。

玛丽亚会在一个投资组合中使用美元成本平均法，这个投资组合预测将在 22 年的时间里带给她每年 5% 的真实收益。所以，每月投资 2 000 新加坡元够了吗？5% 的真实收益足够负担退休后的支出了吗？让我们来计算看看。②

今天，如果玛丽亚生活在巴厘岛，每月就需要 1 750 新加坡元，22 年后，也就是她计划退休的时候，生活在巴厘岛

---

① 译者注：一种程式化投资法。

② 想获得更多关于如何用金融计算器进行这种计算的指导，请阅读附件 3 中“使用金融计算器”的部分。

每月需要2 705 新加坡元。换句话说，每月她需要2 705 新加坡元来购买今天花 1 750 新加坡元就能买到的相同的商品。这就是通货膨胀的影响。

你可以想象得到，在她退休后，2 705 新加坡元，或一年 32 465 新加坡元，每年也会因为通货膨胀而有所增长，直到她 90 岁。因此，我们进行了计算，如果她 62 岁退休，活到 90 岁，那么她就需要有 704 714 新加坡元的存款。

这些存款将被用于投资，但玛丽亚在退休后每年都会取出一些投资的钱用于生活。她的储蓄金会获得复利，而且她在退休后会继续用自己的钱赚钱，不过随着时间的推移，复利会逐渐消失，因为储蓄金会变得越来越少。

所以，如果一切按照计划进行，而且玛丽亚在 22 年的时间里，可以每年获得 5% 的真实收益，到退休时，她将拥有 958 708 新加坡元的储蓄金。实际上，她可以少存一些，或是少冒一点风险，依然可以实现她的退休储蓄目标。

作为对比，如果玛丽亚不想冒任何投资风险，22 年里每月往银行账户里存 2 000 新加坡元，利息为 0，那么到退休时她只可以存 528 000 新加坡元。这个数字也足够好了，但还达不到她的退休目标。

所以，我们从这组练习中了解到了什么？玛丽亚有时间，同时她需要冒一些风险；相比 5%，她可以投资回报率 4% 的产品，冒低一些的风险，依然能够获得一笔可观的退休金。或者是，她可以坚持最初的计划，投资回报率 5% 的产品，获得比所需更多的退休金。

新加坡退休计划

现在，让我们对比，每月投资 2 000 新加坡元，但生活支出不同的情况，来看看如果玛丽亚在新加坡退休，她的财务前景将会是什么样的。玛丽亚说，按照现在的物价来算退休后的每月支出需要 5 000 新加坡元，但 22 年后，她每月将需要 7 730 新加坡元。

所以，这里的问题是，如果在生活成本更高的新加坡退休，那么从退休开始，她的 958 708 新加坡元储蓄金能让她生活多久？不幸的是，那笔钱只能维持她 11. 5 年的生活。也就是说，73 岁的时候，玛丽亚就需要寻求其他支持来照顾自己。

如果玛丽亚决心要待在新加坡，她当然可以每月尝试投资更多的钱，存一笔更大金额的储蓄金，她有多余的存款可以这么做。她可以在 62 岁之后继续工作，并且在退休后每月减少一些支出。

通过对比，玛丽亚就能为自己的未来做一些前景计划。

只有一笔一次性补偿金

如果你收到了一笔一次性补偿金，但没有有效地赚取收入，你实际上已经退休了。而且，就像一位退休者一样，你应该尽力依靠这笔一次性补偿金所获得的利息或收入生活，并且尽己所能将这笔资金（一次性补偿金）保存尽可能长的时间。

你需要保存这笔储蓄金的原因显而易见。如果你可以靠这笔储蓄金的收入或利息生活，你就不需要动用你的一次性补偿金，那么就可以把这笔钱作为你的应急存款，或作为你的财产。

对于一些离婚者来说，这个选项是完全可能的，但对于其他一些人来说，这不可能，因为她们收到的一次性补偿金的金额不足以支撑她们的生活。后者就需要回到工作岗位，贴补一次性补偿金，或是搬到一个消费比较低的区域，让这笔钱保存得更久。或是可以两者都做。

不论是哪种情况，如果你在离婚中获得了一笔资金，那么尽己所能地保存这笔钱。你应该为自己设定一个目标，不论你选择哪种投资方式（出租房屋、股票、债券、定期存款），至少通过明智的投资依靠这笔一次性补偿金赚到一些钱。

艾丽西亚（Alicia）的故事

让我们以56岁的艾丽西亚作为例子，她和丈夫离婚已经有30年了。当初，他们为了达成后续不需要支付赡养费的离婚协议，把中国香港的房产卖掉了。艾丽西亚获得了15 500 000港币（约200万美元）的补偿金。

在世界上其他地方，这笔钱可以算是一笔财富了。但是，在新加坡和中国香港这样的亚洲中心城市，这笔钱只能勉强买到一套1 000平方英尺（约92.9平方米）的两居室。所以，如果在中国香港买一套房子，那么她就没有任何钱可以支撑接下来的生活了。

这就是为什么离婚后艾丽西亚将“在哪里”生活至关重要。她想留在中国香港，但她负担不起中国香港的生活，除非她回到工作岗位，而且她意识到重新工作的可能有限，因为她已经很长时间没有工作过了。

艾丽西亚的大女儿在澳大利亚生活，这就为她提供了另一个选择。她可以在澳大利亚退休，并且至少把一部分自己的钱兑换成澳元进行投资。在澳大利亚，她可以通过简单的定期存款赚取利息（在撰写本书的时候，澳大利亚的利息是4%~5%，而中国香港的几乎是0%）。

那么，让我们来看看艾丽西亚是如何通过这笔一次性补偿金进行简单的定期存款投资来生活的。

计划是这样的：艾丽西亚会用相当于2300 000港币的钱在珀斯（Perth）附近购买一栋房子，她的女儿和家人就生活在珀斯。她会拿出1700 000港币的钱作为自己的应急钱，存在一个简单的计息储蓄账户中。接下来，她会把剩下的11500 000港币兑换成1 635 600澳元，然后用这笔钱在几家澳大利亚的银行里存利率为4.5%的定期存款（她分开存定期是为了降低可能的风险，比如银行破产，一家银行降低利率但其他银行没有，等等）。

这么做，艾丽西亚一年就可以获得大约 73 600 澳元的利息收入。现在，我们知道随着时间的推移，通货膨胀会侵蚀这笔钱，所以艾丽西亚需要学习，如何在通货膨胀的情况下靠 73 600 澳元生活，或者她需要进行风险更大、收益率更大的投资。如果艾丽西亚可以做到一年靠 73 600 澳元，或一个月 6 133 澳元生活，她就能按照自己的心愿把自己的资金保存足够久的时间（或是直到利率改变）。

运用这个资金保存策略，艾丽西亚将能够暂时保存自己的初始资金，而不需要担心“钱用光了”。如果艾丽西亚小心谨慎地花钱，她也可以继续在退休期间建立自己的储蓄金。

艾丽西亚的情况只是一种可能，不是所有的女性都可以搬离自己的家乡，也不是所有的女性都能收到一笔足够自己生活的一次性补偿金。如果这是你的情况，你就需要运用以下的一些或全部策略：

· 把支出降到最低。考虑和家人一起生活，或至少和其他人分享空间，可能是接纳租户。

· 找一份兼职或全职工作来贴补你的一次性补偿金。每个人都有价值，重新训练自己永远不会太迟。

· 找到用自己的钱赚取收入的最佳办法，不论是投资简单的定期存款、分红股票、债券或出租房屋。不论你做什么，都不要把钱存在银行里，让它被通货膨胀侵蚀，让你的钱为你工作。

分析你目前的情况和目标设定

正如这里和第2章显示的那样，在你开始投资之前，定期储蓄、投资目标和计划是一定要有的。通过这些步骤，你将了解自己的投资期，自己的收入或储蓄，自己对额外现金流的需要以及自己未来的需要，当然都是在考虑了通货膨胀之后的情况。根据这些分析，你现在一定对如何开始做长期财务计划心中有数了。

如果你的情况独特又复杂，或是你感觉还没准备好分析自己的情况，包括通货膨胀的影响，那么雇用一位注册理财规划师为你制作一份收费的理财计划。这笔投资大约是1 500美元（2 000新加坡元/15 000港币），或者根据你情况的复杂程度可能更高。这个金额大约是一次便宜的度假或一个名牌手提包；这个金额也是一些女性一个月花在注射肉毒杆菌上的费用，以及一年俱乐部会员资格的费用。如果你真的负担不起雇用注册理财规划师的费用，那么登录http：//finance . yahoo. com/calculator/retirement/ret02/这样的网站，使用基本的网络计算器，可能可以帮助你计算出退休计划的一些基本收益。

拥有一个基本的计划是投资中最重要，也是最容易被忽视的部分。一个计划将使你集中关注自己赚钱、评估钱以及投资钱的方式。开车时没有地图，或投资时没有计划都是不可取的。

结论

任何人都可以学习管理自己的钱和做出明智的财务决定。不太好的消息是，大部分投资初学者会寻找一种高明的投资方法，好让自己跳过计划的步骤。你在阅读本书第一部分时形成的习惯，将会在接下来帮助你形成计划和投资所需的正确习惯和思维方式。

现在，你已经了解了自己为什么投资，而且对建立自己的经济安全越感兴趣，你就越可能成功。最重要的是，为了满足你自己的需要，你必须进行投资，这一点可能和你的同辈群体或其他家庭成员不同。因此设定财务目标是如此的重要。

我们常常发现自己把自己的财务情况和其他人的作比较。和其他人作比较实际上是一种自虐行为，所以不要尝试，这完全是浪费时间。不论你从哪里开始，从财务上来讲，那就是你的起点。毫无疑问，你的起点会比一些人的情况更好，也会比一些人的情况更糟。当你集中精力关注自己能控制的事情，并且开始用正确的意图制定财务目标，你将开始更大步地迈向财务安全的未来。

第6章
资产

作为一位与女性投资者合作的女性，我留意到了两个具有鲜明对比的事实。当女性拥有成功投资的习惯和知识后，她们会成为出色的投资者。同时，对于不懂投资的女性，当需要承认自己懂什么或不懂什么的时候，她们也不像男性那么诚实。所以，缺乏经验的女性投资者倾向于对扩充自己的知识抱持不信任和非常被动的态度。当进行投资时，小心谨慎和风险管理是极好的品质，但不要让担心或控制欲望让你变得束手束脚。

懂得如何管理自己的钱很重要，但你需要意识到，做到这点涉及一个学习曲线。对于自己不懂的知识越诚实（并且提问），你就会学到越多。世界上最优秀的投资者会犯错，相比永远不信任自己对钱的管理方法，犯一些小错误会更有益处。

为了帮助你走上独立投资的道路，这一章会涵盖基本的资产类别，也就是现金、房产、股票、固定收入或债券，还有投资每一种资产的优势和缺点。正如本章所述，所有这些资产都有两个主要的赚钱部分，组成你的总收益。

1. 你可以出售一种资产，获得资本收益（你买入这项资产的价格和出售它的价格之差）。

2. 你可以在持有资产的时候靠它赚取收入。这份收入就是你的收益。这份收益可以帮助你决定如何从不同的资产中赚取收入。

投资最重要的是找到一种方法，在你持有大部分资产的时候靠它们创造收入。相比于把所有现金存在银行账户里，或是“把赌注压在”一项主要资产的收益上，比如房产，这种方法更好。

我一直强调这一点是因为，**和我合作过的大部分女性选择持有的资产形式是未出租的房产或现金，这两者都不能赚取任何收入**！那些主要投资房产的人极其关注资产价值的潜在收益，而不是可能的收入，同时她们常常以现金的形式持有剩下的资产，而且通常是存在一个不付息的支票账户或储蓄账户里。这种只关注资本收益或现金储备的行为是我在女性投资者和她们的投资行为中看到的最大的投资错误。

所以，随着你的阅读不断深入，你应该问一问自己：“我拥有什么资产，现在，扣除相关费用后，我每月或每年能靠这些资产赚多少钱?”如果你没有任何资产，你应该问自己：“我如何才能拥有在市场波动时仍然能够坚持持有，并为我赚取一些收入的资产?”

富有的人一直在问自己这些问题。实际上，他们中的大部分人不经常购买和出售，而是靠投资所获得的收入生活。投资获利的好处在于，你获得的是可以使用和消费的“真正的现金”。这种“寻找收入”的思维方式正是那些寻求长期经济安全和稳定的人所需要的。

实际资产 VS. 金融资产

实际资产，就像它的名字一样，是对真实、有形的商品或房产的投资。最广泛持有的实际资产是房产，但是，实际资产包括石油、黄金、钻石、艺术品在内的所有资产。

现金、股票和债券是金融资产。股票和债券是通过证券交易所和债券市场进行交易的。投资者在投资时常会同时购买股票和债券，就像大海里的波浪，投资者认为当股票价值下跌时，债券价值会上涨，反之亦然。在经济低迷时期，人们发现债券的表现良好，在经济增长时期，股票通常会带来特别多的收益。我把股票和债券的组合称为“恐惧与贪婪”投资组合，有时候它表现得很好，有时候并没有那么好。

分散投资和流动性

分散投资就像是吃一顿营养均衡的饭。如果你吃某样东西吃得太多，你就不会像吃很多种东西那样健康。同时持有实际资产和金融资产是有一些益处的，而且最好是分散投资，那样你就可以依靠不止一种资产类别来获得资产收益和收入。

不论你最终选择投资什么，请记住“流动性”这个词。如果一项资产是流动的，你就可以快速出售，获得现金。如果一项资产是缺乏流动性的，你就不能这么做。非流动资产包括房产、邮票收藏、珍贵的葡萄酒、艺术品，甚至一些金融资产，比如对冲基金。

非流动资产可能是好的资产，但如果你投资得太多，就可能成为一个问题。如果你的收入不稳定，或是要依靠漂泊不定的前夫为你提供一些现金流，那么不要投资太多你无法迅速出售换得现金的资产。这项建议适用于所有投资者，不仅仅是离了婚的人。

资产周期——资产海洋的运动

不同类别的资产价格会上涨和下跌，每一种都会。它们都会经历受欢迎的周期，然后跌下神坛。随着时间的推移，投资者会从一种投资类别，比如债券，转移到另一种投资类别，比如股票，然后又回到债券。当投资者很担心时，他们倾向于投资债券。当投资者变得贪婪而且对经济状况抱持乐观态度时，股票和房产的表现会更好。所以就像海洋上的巨大海浪，不同地形的资产价格会轮流上涨、下跌，然后再次上涨。

世界上群体规模最大的投资者，即机构投资者，对资产海洋运动的影响很大。这些投资者包括政府养老基金、主权财富基金、银行、保险公司以及类似的机构。有一个误解是这些投资者只投资金融资产，并不是这样。他们投资所有的东西，股票、债券、房产、石油、货币等等。

机构投资者的投资决定常会被宏观经济变化所影响，比如通货膨胀、就业增加、失业，甚至人口变化。相应地，这些变化可能驱使大量资金流入或流出不同的资产类别。有时候，这种变化发生得太快，以至于形成了资产泡沫。这些泡沫会继续增多，但最终，不可避免地，这些泡沫会破裂，然后资产价格会突然下降，导致许多投资者产生恐慌心理或出售资产。

资产类别概览

现金

最接近大多数女性内心，也是最受她们青睐的资产就是现金了。现金是你能获得的最具流动性的资产，而且很好懂。几乎每个金融行业的人都会告诉你，把你所有的钱都用于投资，因为“现金没有任何价值”。这句话的意思是，如今现金能为你赚得的收益很少或几乎为零，而且除了货币交易，现金也不像其他资产，比如房产，可以升值。

因为通货膨胀，现金会慢慢贬值，投资顾问也希望你投资尽可能多的钱，因为他们就是靠这个赚钱的。我们将在晚些时候探讨，当你雇用投资顾问帮你管理投资时，他们通常是根据你总资产的一定比例收取费用的，所以如果你持有现金，不用于投资，他们会失去部分利益。有时候，比同辈群体持有更多现金需要一定的勇气，特别是当你周围的所有人都在追逐当下的投资趋势时。当市场突然崩溃时，现金也是你拥有的最重要的资产，就像2008年那样，所以在通货紧缩时期（当价格下跌时），现金就是王。

那么，你应该持有多少现金呢？只有你可以回答这个问题。正如我在第3章已经阐述过的，你手头需要有一笔能支撑3~6个月生活的应急存款。然后，据说你净资产的85%应该用来投资，包括你的房子。那意味着你净资产的15%应该是现金。所以，如果你的净资产达到500 000美元，那么现金或类似现金的投资应该达到75 000（0.15×500 000）美元，其他的都应该用于投资。

但是，每个人的情况是不同的。如果你明年需要搬家，那么就应该在手头放更多的钱，好重新安置自己。如果你依靠前夫的赡养费生活，而且这笔收入不太稳定，那么我会对以上的经验法则持保留态度，并且根据你的情况来调整持有现金的比例。

不论你拥有多少现金，这些钱都应该放在一个付息的储蓄账户或一个可靠的货币市场基金，或银行里的拥有存款保证或存款保险的定期存款账户。

需要注意的很重要的一点是，如果银行破产，你存在银行里的现金只有一定数额以下的能得到保证。当你在一家银行存钱时，你就成了那家银行的无担保债权人。举例来说，美国的银行储户每个账户只能得到最高250 000美元的保证。

这意味着，2008 年银行破产时，在一个银行账户里存了超过 250 000 美元的客户将会损失部分的钱。每个国家的规则不同，在你往银行存一大笔钱之前，重点要了解这家银行的担保规则是什么。

最后，你需要安然接受自己持有的现金。在你获得现金的需要和通货膨胀对你现金的损耗之间找到平衡。你需要判断自己为什么需要持有现金，并且对于自己为什么以及如何将现金用于投资拥有一套策略。持有一定的现金总是明智的，但只有松鼠才会囤积，自信的投资者是不会这么做的！

房产

仅次于现金，房产是女性第二喜欢的资产，因为拥有一套房产意味着你拥有一个家，同时还进行了一项投资。投资房产的方法有许多，但就这本书的目的而言，我只会探讨私人住宅，包括公寓和地产。

房产可谓是你可以进行的最好的投资项目，因为它可以为你带来一种稳定的感觉，而且房产价格在长期看来会平稳上升。一般而言，它的缺点是，相比股票、债券和其他资产，房产是一项缺乏流动性的资产。这意味着，如果你需要在 24 小时内出售资产并获得现金，那几乎是不可能办到的。

我想买一套房子

拥有一套房子的最好方法就是完全拥有它。如果你必须为这套房子筹措资金，就像我们之中的许多人那样，那么请意识到你本质上在购买一笔抵押贷款。我们很容易陷入房屋所有权的虚荣心，有些人认为房子越大越好，而且相比价格合理的很有前景的区域，更喜欢昂贵的黄金地段。在最坏的情况下，这可能导致你背上一笔自己负担不起的抵押贷款。

长期看来，被一套你最终负担不起的房产困住，会让你在财务上和心理上陷入更艰难的境地，特别是如果这套房产是唯一一项写有你名字的资产。你可能会问："那么我的还款金额应该是多少?"有一条可供参考的建议回答了这个问题，那就是还款金额占你每月总收入的比例应该低于30%。通常来说，只有你符合资格，并且在任何情况下，还款金额占你收入的比例处于这个范围内，银行才会发放贷款。

如果你可以取得贷款，你要知道还款金额并不是固定不变的，因为在亚洲，所有的还款金额都是会变化的。这意味着，随着利率的升高，你的还款金额也会增大。我们现在处于一个利率极低的环境中，抵押贷款的利率是每年大约1.5%或更低，在未来的20年里，随着利率正常化，你的还款金额也会稳定增加。以下这张表格展示了，随着利率变化，还款金额的变化。如果你只看第一行，就可以发现，你每借100 000美元，即使利率只上涨0.50%，你的还款金额就会增加6%。所以如果你没有准备好，利率的快速上涨可能会让你的现金流严重缩水。

	利率	4%	4. 50%	5%	5. 50%	6%	6. 50%	7%	7. 50%	8%
贷款额	100 000	$477. 42	$506. 69	$536. 82	$567. 79	$599. 55	$632. 07	$665. 30	$699. 21	$733. 76
	150 000	$716. 12	$760. 03	$805. 23	$851. 68	$899. 33	$948. 10	$997. 95	$1 048. 82	$1 100. 65
	200 000	$954. 83	$1 013. 37	$1 073. 64	$1 135. 58	$1 199. 10	$1 264. 14	$1 330. 60	$1 398. 43	$1 467. 53
	250 000	$1 193. 54	$1 266. 71	$1 342. 05	$1 419. 47	$1 498. 88	$1 580. 17	$1 663. 26	$1 748. 04	$1 834. 41
	300 000	$1 432. 25	$1 520. 06	$1 610. 46	$1 703. 37	$1 798. 65	$1 896. 20	$1 995. 91	$2 097. 64	$2 201. 29
	350 000	$1 670. 95	$1 773. 40	$1 878. 88	$1 987. 26	$2 098. 43	$2 212. 24	$2 328. 56	$2 447. 25	$2 568. 18
	400 000	$1 909. 66	$2 026. 74	$2 147. 29	$2 271. 16	$2 398. 20	$2 528. 27	$2 661. 21	$2796. 86	$2 935. 06
	450 000	$2 148. 37	$2 280. 08	$2 415. 70	$2 555. 05	$2 697. 98	$2 844. 31	$2 993. 86	$3 146. 47	$3 301. 94
	500 000	$2 387. 08	$2 533. 43	$2 684. 11	$2 838. 95	$2 997. 75	$3 160. 34	$3 326. 51	$3 496. 07	$3 668. 82
	550 000	$2 625. 78	$2 786. 77	$2 952. 52	$3 122. 84	$3 297. 53	$3 476. 37	$3 659. 16	$3 845. 68	$4 035. 71
	600 000	$2 864. 49	$3 040. 11	$3 220. 93	$3 406. 73	$3 597. 30	$3 792. 41	$3 991. 81	$4 195. 29	$4 402. 59
	650 000	$3 103. 20	$3 293. 45	$3 489. 34	$3 690. 63	$3 897. 08	$4 108. 44	$4 324. 47	$4 544. 89	$4 769. 47
	700 000	$3 341. 91	$3 546. 80	$3 757. 75	$3 974. 52	$4 196. 85	$ 4 424. 48	$4 657. 12	$4 894. 50	$5 136. 35
	750 000	$3 580. 61	$3 800. 14	$4 026. 16	$4 258. 42	$4 496 . 63	$ 4 740. 51	$4 989. 77	$5 244. 11	$5 503. 23
	800 000	$3 819. 32	$4 053. 48	$4 294. 57	$4 542. 31	$4 796. 40	$ 5 056. 54	$5 322. 42	$5 593. 72	$5 870. 12

续表

	利率	4%	4.50%	5%	5.50%	6%	6.50%	7%	7.50%	8%
贷款额	850 000	$4 058.03	$4 306.83	$4 562.98	$4 826.21	$5 096.18	$5 372.58	$5 655.07	$5 943.32	$6 237.00
	900 000	$4 296.74	$4 560.17	$4 831.39	$5 110.10	$5 395.95	$5 688.61	$5 987.72	$6 292.93	$6 603.88
	950 000	$4 535.45	$4 813.51	$5 099.81	$5 394.00	$5 695.73	$6 004.65	$6 320.37	$6 642.54	$6 970.76
	1 000 000	$4 774.15	$5 066.85	$5 368.22	$5 677.89	$5 995.51	$6 320.68	$6 653.02	$6 992.15	$7 337.65

来源：雅虎金融。

其他注意事项

在抵押还款之外，还有一些和房屋所有权有关的花费，这些支出可能严重地消耗你每月的收入。这些支出包括税收、维护费用、保险和其他常规收费。所以当你申请抵押贷款时，在你在虚线上签名之前，在计算每月和每年现金流时要把所有这些因素都考虑进去，然后调整你的应急存款金额。

如果你正在用赡养费支付部分抵押贷款，除了你的应急存款，你还应该至少储蓄相当于 4 ~ 6 个月抵押还款的金额。这似乎是一大笔钱，但你最不希望发生的事就是，你的前夫丢掉了工作，以致你用于抵押还款的主要资金来源一夜之间就枯竭了。

当你购买房产时，你还应该预料到，自己将会持有房产 10 年之久，因为我们无法保证每一轮房产周期会如何开始。在亚洲，新设立的卖方印花税使许多房产拥有者持有房产的时间比自己所预期的更长。例如，在新加坡如果你在购买房产后又急于出售，那么基本上由你支付卖方印花税。政府还会继续干预，因为他们认为有必要阻止潜在的房地产泡沫形成。

离婚后的房产融资挑战

如果离婚协议中不包含房产，而离了婚的人想要在亚洲购买房产，那么她们遇到的第一个挑战就是，需要付首付和印花税，这是你为了获得贷款必须支付出去的钱。在撰写本书的时候，中国香港和新加坡的首付比例是房产购买价格的20%～50%，而印花税的比例各不相同，但大约是房产购买价格的2%～3%。亚洲大城市的房价高得离谱，即使是面积较小的房产，也需要一笔相当大的现金支出。

如果你付得起首付，那么下一个挑战就是你是否符合获得抵押贷款的资格。即使你拥有一笔可观的一次性支付的补偿金，但要在亚洲获得银行贷款依然会很麻烦，因为银行会根据几点因素判断你的还贷能力，其中之一就是你目前的工作和薪水。

如果你没有工作，那么获得银行贷款就真的是个挑战。当然，根据你的离婚协议，你可以让你的前夫做你的贷款“担保人”，这意味着，如果你无法偿还抵押贷款，他就将帮你偿还。这种事情真的发生过！

做个女房东

目前，对于那些拥有许多钱或资产的人来说，购买一套投资性房产是创造每月稳定收入的一个很好的办法。如果你可以买得起两套（或更多）房产，那么对于一位离了婚的人来说，这是一个补贴每月收入的很好的解决办法。为了了解自己是否进行了一项明智的投资，以及相比其他投资，是否获得了更好的收益，你需要懂得如何计算你的净租金收益率（Net Rental Yield）。

对于房产来说，了解收益率的一个简单的方法就是：例如，如果你每月收到4 000美元租金，你一年的收益将会是48 000美元。如果每年的支出是6 000美元，那么每年的净租金收入将会是42 000美元。如果房产成本或价值是1 000 000美元，那么净租金收益率就是\$42 000 ÷ \$1 000 000 =4.2%。如果你考虑到如今银行的利率几乎是零，也就是你存在银行现金的收益率为零，那么这个净租金收益率已经相当好了。

随着房产价格攀升，除非你可以涨房租，否则净租金收益率会下降。在上面的例子中，如果房产的出售价格是1 500 000美元，租金和支出保持不变，那么净租金收益率就会降到2.8%（\$42 000 ÷ \$1 500 000）。通常来说，净租金收益率稳定下降是资产价格达到顶峰的一个信号。

利用房产购买更多房产

在这个低利率的环境中，开始流行用你目前所住房产的抵押资产净值贷款购买一套投资性房产。抵押资产净值是你房产的预估计值和你所欠的抵押贷款金额之间的差值。所以，如果你目前欠250 000新加坡元的抵押贷款，但你的房产价值已经从500 000新加坡元上涨到900 000新加坡元，理论上，你的抵押资产净值就是650 000新加坡元(S\$900 000 - S\$250 000)。但是记住，正如本章中提到的，在房地产价格下跌的环境中，抵押资产净值也可能消失。

只要房产价格上涨，估价上升，你这套房产的抵押资产净值变大，银行常会根据你现在居住房产的抵押资产净值贷款给你，你就可以用贷款购买另一套房产。当经济形势比较好，租户充足时，靠租金收入生活似乎是很理想的事。但是，当房地产周期逆转时，过度杠杆化的房地产是最先崩溃的纸牌屋①。房屋估值下跌，你的抵押资产净值和租户可能会消失，银行可能会要求你支付比未偿还贷款更多的钱。如果你没有现金来偿还你的抵押贷款，最终银行可能会收走你现在居住的房产。

这就是亚洲金融危机中和最近美国发生的事情。这个故事的寓意是：拥有一套出租房产来补贴你的每月现金流是带来收入的极好方法！但是，为了这么做背上高额债务绝不是金融天才该做的事。所以，除非你可以在没有租户减轻你债务负担的情况下，安全度过严重的长期经济低迷，否则就要避免出于任何理由用你现在住的房产贷款，更不要提购买更多房产了。

何时购买：房产周期

就像所有的资产一样，房产的变化也具有周期性。在过去40年中，中国香港和新加坡经历了四个房产周期。现在，我们进入了第五个周期，这个周期是从2009年开始的。下面的两张图表展示了新加坡和中国香港的平均房产价值，你可以看到每个周期的峰值和谷值。

---

① 译者注：指不切实际无法实现的计划。

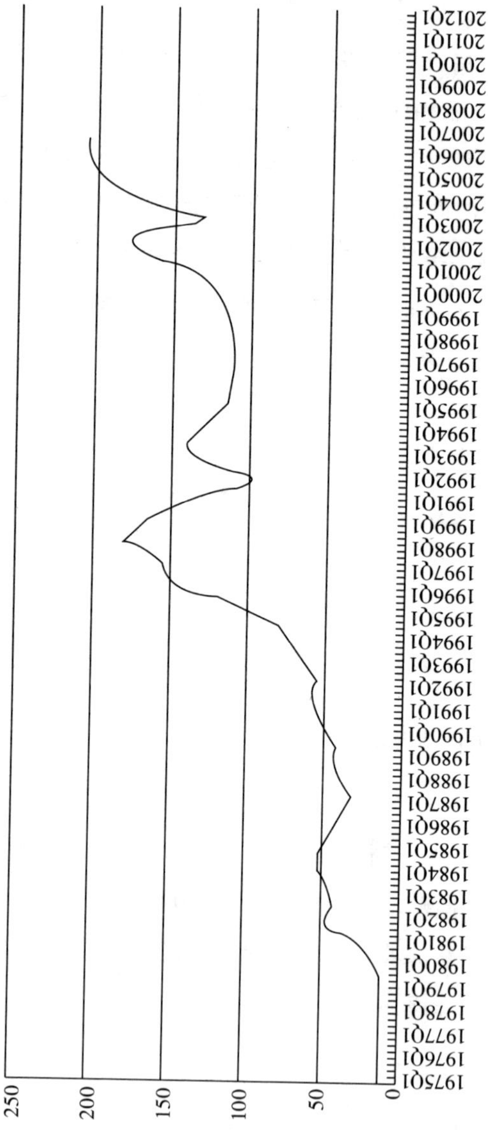

城市复兴管理局(URA)住宅房地产价格指数

来源：城市复兴管理局。

中国香港

从峰值来看

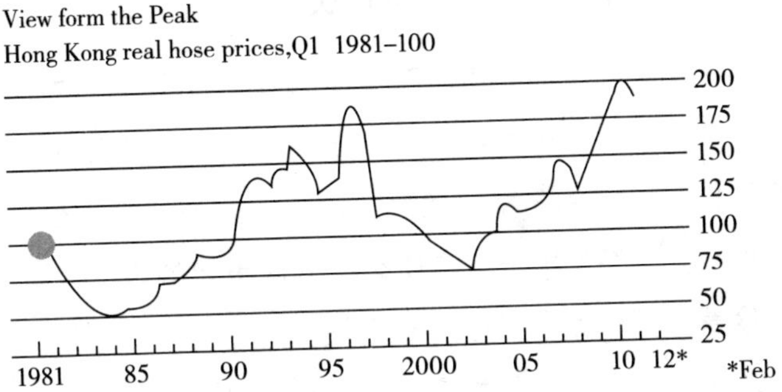

中国香港房价，1981—2010

来源：汤森路透；《经济学人》（*The Economist*）。

亚洲的房产周期每次都有些不同，但一直有一个刺激因素，那就是利率的变化。因为有那么多房产是通过杠杆或贷款购买的，房产价格倾向于随着利率的变化上升或下降。当利率升高时，还款金额会变得更高。如果房东不能涨房租，以匹配他们更高的抵押贷款金额，投资效益就会缩水，最终房产价格就会下跌。

当你购买一项资产时，价钱总是很重要。所以，按逻辑来说，购买一套房产，或任何资产的最佳时机，就是它最不受欢迎的时候。例如1998～2003年亚洲的大部分地区。那段时期利率更高，然后"9·11"事件发生，非典（SARS）爆发。也就是说，如果你想持有房产10年以上，而且将支付租金，那么如果你可以负担抵押贷款，并且承受房地产市场的剧烈波动的话，购买总是更合理的。

离婚和房产：需要避免的错误

离婚的夫妻可能会用所有错误的方式解决房产的归属问题。如果离婚协议中写明房产归属于你，那么确保房产证上只写了你一个人的名字，然后复印一份，或取得一份证明。这是你需要了解的关于房产所有权的最重要的事情，即从法律角度看，实际上你拥有这套房产。

房子是一个居住的地方，也是一种让生活稳定的手段。但是，你必须能负担得起拥有房产所有权的金钱或能力，否则维护一套房产是非常有压力的。许多离了婚的人的现金流状况表明他们负担不起维护房产的费用。像我看过的很少去住的度假屋，这样的房产是一根巨大的现金排水管，因为你无法用这项资产赚取任何收入。所以，保留自己可以轻松负担的房产，对于不常使用的房产，将其出售，或至少靠它赚取一些收入。有一位离了婚的房东太太，她认为自己的投资性房产必须以一个预期的价格出租，因为她的邻居就获得了这么高的租金，而且她的家人认为这是合理的，然后她就一次次失去找到一位可靠的好房客的机会。通常，你需要对自己可以要求收多少房租有个概念，要考虑市场需求以及你房产的状况。如果你的房子已经20年没有整修过了（这种情况非常普遍），那么相比你邻居整修过的房子，你将获得更少的房租收入。

拥有一套付清贷款的房子是我们想拥有的极理想的资产，特别是在退休后。但是，如果你的自住房是你唯一的资产，你指望着这套房子获得资产收益，那么你可能会陷入一种财务不稳定的状况。退休后，你需要其他的收入，如果你离了婚，而且没有任何收入，你就只是表面上退休了。即使可以通过换一套更小的房子来获取很大的收益，你也需要通过投资赢得的钱来储蓄一笔退休金。

尽管房产是一个极好的投资项目，但在亚洲和欧洲的部分地区，因为对其他投资方式缺乏了解，所以存在过分依赖房产投资的情况。除非你是房地产领域的投资大师，总是可以低价购入房产，否则你应该把房产视为一种存在变化的资产类别，而不是为了构建长期经济安全的唯一投资选择。

房屋所有权的利与弊

拥有住宅房产有如下优势：

· 你可以住在自己的资产里。

· 在通货膨胀时期，房产能比较好地保值。

· 如果你不住在自己的房产里，你可以把它出租，获得收入。

· 你可以用你的产权抵押借款。

拥有房产的缺点是：

· 它是缺乏流动性的，这意味着，如果你个人遇到危机或遭遇其他方面的危机，你不能快速地把自己的房产转换成现金。

·如果你用房产抵押借款，你可能会受快速上涨的利率的支配，因此每月需要偿还更多的贷款，这将侵蚀你的现金流。

·房产不是零风险的。尽管房地产市场比股票市场具有更强的复原能力，但房产价值也可能大幅下跌。2008年，新加坡和中国香港的房地产价格在12个月内下跌超过25%。在亚洲金融危机期间，新加坡房地产价格从峰值到谷值下跌幅度超过44.9%，中国香港下跌了61%。①

股票和债券

在了解了股票和债券后，与其让所有的钱以现金的形式躺在银行里，还不如进行投资，赚取收入和潜在的资本收益。这么做可以帮助你抵消通货膨胀对资金价值的削弱作用，如果你以现金形式持有所有的钱，那么就不能发挥这种作用。金融资产的流动性比房产的更强，因为你通常可以在几秒钟内出售金融资产。因此，作为一种跟上通货膨胀速度的手段，你可以凭借金融资产赚取一些收入，享受它的流动性，从长期来看，金融资产提供了所有这些益处。

这里我将集中阐述股票和债券，因为当你刚开始做一些

① 国际清算银行，"房地产市场和财务稳定性"，国际清算银行的论文，NO. 64，第44页。可获取地址：www. bis. org/publ/bppdf/bispap64h. pdf。

简单的金融资产投资时，这两种金融产品已经足够了。人们一直担心和误解股票和债券世界，作为一项帮助你了解这个世界的练习，我想先对比两位假想的朋友。让我们把她们称作贝蒂（Betty）和韦罗妮卡（Veronica）。

贝蒂在做一份兼职，她会花光每一分钱在全世界旅行，以及在名厨掌勺的餐厅用餐。贝蒂不知道净值是什么，她也不关心，因为她有4张信用卡，而且依靠男朋友们和好朋友们偶尔的经济支持参加一个又一个精彩的聚会。她认为自己拥有良好的社会关系，因为她在脸书的主页上有大量经过修饰的精彩照片，这些照片都是在《亚洲目的地》杂志（*Destin Asian*）认定的热门景点拍摄的。

韦罗妮卡有一份稳定的全职工作，而且定期获得晋升。她拥有自己的房子，把收入的20%存起来，而且定期进行市场投资，来为退休计划准备资金。韦罗妮卡拥有一个数额比较大的正净值，她的目标是通过定期储蓄和投资收益让净值每年增长10%。韦罗妮卡会用信用卡旅行，但每月都会还清信用卡的欠债。韦罗妮卡通过自己享受的活动，比如现代舞和读书俱乐部，缓慢而安静地扩展了自己的人际关系网络。

贝蒂和韦罗妮卡都想创建自己的公司，并且担任CEO。现在，你需要回答两个问题：如果你只了解以上这些信息，你会借钱给谁？你想拥有哪个人公司的一部分股份？当你思考金融资产时，把这些问题记在心里，因为就像你和我一样，公司拥有自己的资产负债表、现金流量表，甚至是随着时间推移可能会增长的“净值”。

股票——基础

购买股票代表你拥有了一家公司的所有权。当你购买了一家公司的股票，你就购买了一家上市公司的股份。你已经知道了许多上市公司的名字：新加坡电信（SingTel）、长江实业（Cheung Kong）、苹果（Apple）、吉宝集团（Keppel Corporation）、汇丰银行（HSBC）、大华银行（UOB）等等。你也可以购买私人公司的股票，像是韦罗妮卡或贝蒂的公司。这些都是所有权，都是通过股票所有权来体现的。

还记得恐惧和贪婪吗？当投资者相信经济会发展良好时，他们倾向于投资股票，因此它被称为贪婪的交易。当通货膨胀加剧，宏观经济前景看起来比较积极时，股票就像房产一样，倾向于表现得比债券更好，因为投资团体认为经济会扩张和增长。

如果你投资的公司经营状况良好，最终你的股票会升值。因此，举例来说，如果你以 5 美元一股的价格购买了 100 股 A 公司的股票，你的这项投资就花费了 500 美元。如果 A 公司的股票价格上涨到了 7 美元一股，你的账面收益就是 \$700 - \$500 = \$200，你的收益率将会是 \$200 ÷ \$500 = 40%。就像房产一样，在你出售持有的股票，获得现金之前，这只是账面收益。

你也可以通过持有某种分红股票赚得红利（收入）。红利是通常根据你拥有多少股票而发放给你的一笔利润。红利通常以现金形式发放，每季度、每半年或每年发放一次，而且许多红利会随着时间的推移不断增长。红利最好的一点是，如果你不需要现金，你就可以用发放的红利购买同一家公司的更多的股票，这被称为红利再投资。所以，实际上，公司支付给你红利，让你不需要用自己的钱就可以购买更多它的股票。

所以投资股票的两个原因是，让你股票的价值在比较长的时间里上涨，并赚取稳定的收入。想象一下，如果韦罗妮卡可以像管理自己的资金那样管理她的生意，让收入持续增长，让净值每年增长 10%。如果你持有她公司的股票，她会每股支付给你 1 美元，而且承诺，如果你一直做她的股东，她每年付给你的红利会增长 5%，那会怎么样？谁不想投资一桩既稳定又持续增长的生意？

股票焦虑

尽管投资股票有显而易见的益处，但在亚洲和许多个人投资者交谈过后，我意识到作为一个资产类别，房产是多么受欢迎，而股票是多么令人生畏。他们告诉我，原因是股票市场更不稳定（更大幅度地上下波动），股票似乎风险更大，而且每个人都有一个在股票市场投资失败资的亲戚，所以从那以后，家里面就没人购买股票了。

让我谈谈这三个问题。第一，房地产市场有可能像股票市场一样下跌得那么猛烈，但通常速度没那么快。因为相比金融市场的投资，房产的流动性更差。金融资产倾向于比房地产市场恢复得更快，原因是同样的。第二，如果你是为了获得短期收益而进行交易，不是想进行长期投资，那么任何投资项目都是有风险的。为了短期收益而进行交易有另一个名字——投机。第三，在任何投资中，你都可能做出一次糟糕的投资选择，相比糟糕又缺乏流动性的投资，金融资产投资中的小错误更容易得到纠正。

如果你投资的公司破产了，股票价格就会“归零”，房产投资不会这样。这是一个真实的对比。但是，如果你无法足额偿还贷款，你的房产可能会失去抵押品赎回权。对于长期投资者来说，让金融资产具有很大风险的行为是，出于错误的理由选择了错误的投资，或是试图通过交易持续获得高于市场平均数的收益，股票市场周期会告诉你原因。

股票市场周期

在任何投资中赚钱的关键是，低价买入，高价出售，等待的时候赚取收入。股票市场也是一样。像房地产市场一样，股票市场会周期性地涨跌，比较长的周期被称为牛市和熊市。在熊市（低迷时期）中，你也可以继续投资并赚钱。在牛市（上升趋势）中，你也可能会亏钱。

股票投资的种类很多，从具有全球影响力的大型蓝筹股公司，像宝洁（Procter & Gamble）、可口可乐(Coca - Cola)

以及麦当劳（McDonald's），到小型公司各不相同。你也可以购买IT、工业和物流领域的股票。从全球视角来看，你在亚洲拥有本土市场，但相比美国或其他发达国家的股票市场，亚洲的股票市场相对较小。

以上这些领域的股票有自己的周期。防卫性股票是销售比如纸尿裤、洗发水这类产品的公司，当经济不景气的时候，这类公司的表现比较好。成长股，指小型和中型公司以及某些领域，像IT领域的公司，这类公司在经济发展状况良好的时候表现比较好。因为亚洲依然被认为是一个新兴市场，当美国市场，也就是亚洲市场最大的贸易伙伴，表现良好的时候，这个区域的股票市场倾向于表现比较好。

这里有一张图表，展示了随着美国经济的扩张或收缩，股票市场周期的传统模式。运行完一个周期需要4.5年的时间。①

因为存在这样的周期，所以你应预料到你的投资产品的价格和价值会上涨和下跌。在撰写本书的时候，即使是沃伦·巴菲特也在IBM的投资上损失了10亿美元。② 如果你准备为了长期增长和赚取红利投资股票——这两者都是投资股票的很好理由——你就得学会驾驭股票市场的起伏波动。

---

① 有些人说，1913年美联储的创立使周期长度发生了改变。因此，德意志银行（Deutsche Bank）考察了1913～1982年“黄金时代”开始的那段时期；那段时期的平均扩张期（原文是average expansion）是55个月，中位数是49个月。来源：www.economist.com/blogs/buttonwood/2011/09/global? economy。

② www.cnbc.com/id/100657591.

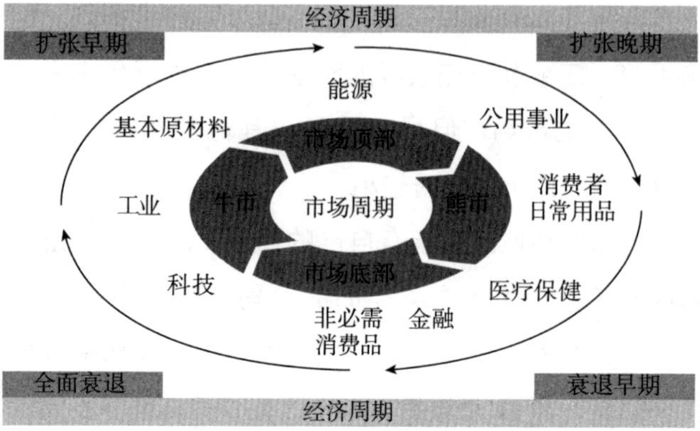

来源：http：//static. safehaven. com/authors/ticker/24003_ b. png。

如何购买股票

你可以通过挑选个股或使用像基金这样的投资工具投资股票市场，这些交易都是在证券交易所进行的。每笔交易都有它自己的股票代号，所以新加坡电信在新加坡海峡时报指数上的代号是（Z74），汇丰银行在中国香港恒生指数的代号是（005）。你可以在雅虎财经（http：//finance. yahoo. com/）或彭博网（www. bloomberg. com）上通过搜索这些股票代号来追踪股票的价格。

购买股票还是基金

购买一家公司的股票，是指你持有某一家公司的股权，而且这家公司的股票价格每天都会变化。基金和股票不同，投资一个基金就是通过这个基金投资一篮子公司。所以，相比仅仅投资苹果公司，你可以投资一只科技基金或美国股票市场基金，将苹果公司作为持股对象之一。

那么，为什么你要购买基金而不是股票呢？你还记得吗？我早些时候说过，就像为了保持健康而让饮食均衡一样，我们要分散投资。用同样的方式思考基金，基金就像是一盘抽样出来的股票。你不需要把所有资金投入一家公司；取而代之的，你可以分散你的风险，抽取许多公司进行投资。而且，基金通常不会归零，但一家公司可能会破产，股票可能会变得一文不值。

想象一下，你在中国香港证券交易所恒生指数购买了房地产开发商长江实业的股票。第二天，长江实业的股价跌了1%，但恒生指数其他的股价涨了0.5%。尽管长江实业可能是一个好的长期投资对象，它也会有表现不好的一天、一周，甚至一年。

有些投资者可以接受个股出现这样的涨跌，他们理解这就是投资的一部分，但有许多人不行。所以，假设你没有购买长江实业的股票，而是购买了一个追踪恒生指数所有股票总价值的基金。那么相比下跌了1%，你所持有的基金就上涨了0.5%，因为当天恒生指数的表现就是如此。

所有基金都追踪市场运行状况吗？不是的。尽管存在上百种不同的基金（以单位信托基金或共同基金著称），追踪某个指数的基金，就像上面所描述的那样，被称为被动型股票指数基金和交易型开放式指数基金（ETFs）。被动型股票指数基金和交易型开放式指数基金非常类似。两者之间的主要区别是，被动型基金的价值，就像大部分基金一样，是在市场关闭时进行计算的，一天计算一次，但交易型开放式指数基金的价格在市场开放的任何时候都可以发生变化。

所以，回到上面的例子，通过投资一个被动型股票指数基金（或一个ETF），你的投资将追踪构成某个指数的所有公司的表现。上面例子中的指数是中国香港恒生指数，这个指数中的公司包括有中国移动（China Mobile）、汇丰银行、长江实业等等。换句话说，这个基金接受被动管理，而且反映了组成市场指数公司的表现状况。所以，如果你对经济发展状况感到乐观，但不知道投资哪一家公司，你可以通过持有一种被动型指数基金接触到那家公司。

你可以找到与任何指数相关的指数基金。下面这张列表中的就是一些你可以考虑投资的主要指数。

股票	指数
美国	标准普尔500指数（S&P）
新加坡	海峡时报指数
中国香港	恒生指数
日本	日经指数

除了被动型基金，还有主动型基金，而且非常重要的是，你需要了解两者之间的区别。主动型基金，就像名字的含义一样，接受一位基金经理的主动管理，这位基金经理被

雇用来购买和出售基金中的所有公司，而不是像被动型基金一样，将这个基金和一个具体的指数，比如恒生指数，相联系起来。主动型基金完全依靠基金经理决定应该投资持有哪些公司，以及何时出售。

被动型基金 VS. 主动型基金

和个股投资不同，**所有的基金**都会向投资者收取投资年费。被动型指数基金和ETF不进行活跃的交易，所以相比有基金经理监督的主动型管理基金，它们收取的费用会低很多。通常被动型指数基金和ETF的费用低于0.30%，而主动型基金的管理年费可能是每年0.75%~2%，或更多。前者的费用似乎很少，这对于你的最终收益来说非常重要。

主动型基金——投资组合的癌症

亚洲拥有世界上费用最高的几个主动型管理基金，从好几个方面看，它们都是资金排水器。主动型管理基金会收取名为认购费①的入门费，只是为了获得能购买这些基金的特权，这种费用在1.5%~5%之间。这是除我之前提过的在0.75%~2%之间的基金管理费以外的一次性收取的费用。不论基金的实际表现如何，你都要付这笔钱！而且据研究，你

① 译者注：原文是loading fees，参考第10章中的内容，译为认购费。

至多只能从主动型管理基金中获得边际价值。[①]

暂时忘记那惊人的认购费，想象一下，随着时间的推移，仅仅1%的管理基金费会如何抽干500 000美元的投资组合。

资金消耗表

以下是10年没有任何资本收益或收入的情况下，1%的管理基金费对500 000美元基金的影响：

年	年末余额 $
1	495 000
2	490 050
3	485 149. 50
4	480 298
5	475 495
6	470 740
7	466 032. 67
8	461 372. 34
9	456 758. 62
10	452 190. 04

如果市场稳定，而且在10年内投资组合没有任何实际收

① AWD Chase de Vere咨询公司（咨询公司的中文名字没有查到——译者注）进行的一项研究表明，几乎在每个领域，在5～10年内，基金平均都没有跑赢相关的股票市场指数。在一些例子中，基金的平均上涨程度比相关的基准指数要低70%。在10年内，在大部分领域，表现不如跑赢市场者的主动型基金经理数量是表现比跑赢市场者好的数量的两倍多；在某些领域，每7位基金经理中只有1位跑赢市场。数据显示，在10年内，新兴市场的基金经理和日本的基金经理表现更差。美国的基金平均表现落后11%，欧洲16%，亚洲股票45%，新兴市场68%。（来源：www. telegraph. co. uk/finance/personalfinance/investing/9796561/Active – investment – the – wrong – track. html。）

益，你的资金将只剩下452 190.04美元，把付给你的红利存起来吧。支付这样的费用就像是得了投资组合癌症，如果你不努力将费用降到最低，可能会严重影响你的长期收益。

被动型指数基金和许多交易型开放式指数基金的交易成本比较低，更棒的是，它们的**表现常常比主动型管理基金更好**。所以，尽管听起来违反常理，但相比要支付更多费用的主动型管理基金，如果你选择在金融市场投资被动型指数基金，你通常会付出更少，得到更多。

一些主动型管理基金有它们存在的目的，而且其中的许多基金也会有表现好的时候。但是，为了在比如新加坡、中国香港和美国这样流动性强和开放的股票市场持续获得长期收益，低成本的被动型股票基金或交易型开放式指数基金常被证明是最物有所值的。而且从根本上我相信，吸引投资者购买被动型指数基金是它的心理效益，即感觉你是在追随市场，而结果就是，你和其他人的收益一样好。

持有股票的优势和缺陷

持有股票主要有以下优势：

· 像房产一样，股票市场的收益倾向于抵销通货膨胀的影响。

· 在中国香港和新加坡，你可以享受无税收的资本收益，即你不需要为自己赚的钱交税！

· 在中国香港和新加坡，你可以享受无税收的分红，即你不需要为自己赚的分红交税！

· 你可以把红利用于投资。

· 红利也可以增长和增值，随着时间的推移，会带给你额外的复利。

· 当你需要出售的时候，大部分股票市场的投资产品都很容易快速地出售。

持有股票主要有以下缺陷：

· 股票市场的投资通常比债券投资更不稳定。

· 如果你所购买股票的公司破产，你将损失掉你所有的投资（就像安然公司、世界通讯公司和雷曼兄弟一样）。

· 经营状况糟糕的公司发行了太多股票，会减少未偿付股票的价值。

· 分红不是肯定有的，因为公司可能会在任何时候减少或暂停发放。

房地产信托投资基金

我先介绍一下房地产信托投资基金，这种投资是在证券交易所进行交易的，但它实际上是房地产投资。REITs 代表“房地产信托投资基金”，法律要求它分配（还给股东）至少 90% 的应纳税所得。这条规则很重要，因为大部分的利润都以一种分红（收入）的形式支付了出去。

房地产信托投资基金通常持有和运作带来收入的房产，比如公寓、购物中心、办公室、酒店和仓库。房地产信托投资基金有很多种类，其中有一些比其他的风险更大，这取决于许多因素，比如基金投资的房产是哪一种类别，是零售房产还是医疗保健房产，等等。房地产信托投资基金在亚洲非常受欢迎，特别受喜欢获得定期收入的女性投资者的欢迎。

房地产信托投资基金在证券交易所进行交易，而且一般会遵循房地产周期。当利率降低时，房地产信托投资基金会变得受欢迎。随着利率升高，房地产信托投资基金可能会大幅快速下跌。2004 年以来，房地产信托投资基金不仅受欢迎，而且收益率很高，有时候超过 7%。那也就是说，风险也比较大，虽然房地产信托投资基金在每个人的投资组合中都有一席之地，但它是其中的一种，而不是唯一的金融资产投资产品。

债券

对于股票市场投资，你的财富会根据市场状况或个体公司的经营状况上涨或下跌，而债券则是你给一家公司或政府的一笔借款。作为回报，在借出这笔钱期间，你会定期收到一笔利息（收入）。在借款期的最后，你会收回你的本金，或资本。

通常，债券的风险被认为要比股票市场投资的风险小，因为作为一家公司的股东，如果公司破产了，股东会损失掉全部投资。而另一方面，债券持有者可以对破产公司或政府提出索赔，至少可以拿回原始资本的部分以及/或所欠的利息。

因此，投资安全的债券的人主要是想保本，意思是，他们进行了一项投资，期待**至少**能收回自己投资的那部分钱（加上一点点利息收入）。这和股票市场的投资者不同，股票市场的投资者主要是想让自己的投资增长，期待最终能获得更大的收益，但要冒着失去部分或全部原始投资金的风险。

尽管像 CNBC（美国全国广播公司财经频道）这样的晚间新闻频道报道了不少关于股票的戏剧性事件，但债券市场比股票市场要大得多。麦肯锡咨询公司（McKinsey & Company）发布的“2011 年全球资本市场地图”报告指出，全球债券市场的规模达到 157 万亿美元，或者说是全部金融资产的 75%。所以，你可以想象为什么债券市场泡沫会是个问题。

美国债券市场代表了大约所有债券的 25%，规模达到 37 万亿美元。美国债券市场的规模之所以这么大，部分是因为美元是全球储备货币，同时也是因为美国拥有更大的金融资产投资基础，而且美国的养老基金广泛持有美国国债。投资者把美国国债和美元当成资金的安全港，比如 2008 年经济危机的时候，可以保证自己资金的安全。

对于亚洲来说，除日本以外，债券市场规模很小，国家越小，债券市场的规模也越小。小债券市场的交易量通常很小，流动性也比较差，所以债券市场的活动不像漂亮的海洋波浪，而更像浅水坑里泛起的涟漪。

债券周期——利率和债券

债券的巨大风险不是来自于借你钱的个体破产，而是利率。当利率下降时，债券价格就会上涨；当利率上升时，债券价格就倾向于下跌。因为债券对利率的变化非常敏感，所以通常认为，债券的借贷期越长（借钱的时间越长），投资者所冒的风险就越大，这被称为“通货膨胀风险”。

还记得我们的朋友贝蒂吗？想象一下，如果你把钱存在银行，就只会获得1%的利息。所以，为了靠自己的钱赚更多钱，你决定借给贝蒂10 000美元，借期是4年，每年收取3%的利息。在这个例子中，你每年就能赚300美元（10 000×0.03=300），或4年总共能赚1 200美元（300×4=1 200），而如果你把钱存在银行，你每年能赚100美元（10 000×0.01=100），4年总共能赚400美元（$100×4=400）。

只要贝蒂持续支付利息，这似乎就是一桩好生意，不是吗？即使你借钱给贝蒂是冒了一些风险，但如果能获得额外的收益，那就是值得的。但是，如果在你借钱给贝蒂期间银行利率上升到3%，会发生什么？现在，你借钱给贝蒂所冒的风险就比把钱存在银行所冒的风险要大得多，而且把钱存在银行可以获得相同的收益。

这就是为什么债券对利率的升降变化非常敏感。许多退休者会持有债券，将它作为退休期间的投资产品，因为债券被认为风险比较低。但是，他们没有考虑金钱摧毁者——通货膨胀的风险。如果你债券的利息是2%，通货膨胀率是2.5%，那么你实际上得到的就是负收益。

如何购买债券

和股票一样，你可以购买私人债券、被动型管理债券指数基金或主动型管理债券基金。与股票相关的许多规则也适用于主动型和被动型债券指数基金，但如果你购买的是主动型管理债券基金，那么你所购买债券的价值会更高一些，因为这种债券的费用相对比较低，低于1%。

就像股票基金一样，债券基金在大部分证券交易所都可以进行交易。这些基金把政府或企业的债务集中起来，并且通过一只基金让投资者对多种债务类型进行分散投资。就像股票一样，债券有很多种类，债券基金也容易产生恐慌，导致价值急剧下降。这就是为什么我会建议人们，如果主要追求的是资本保值，那么就购买企业债券，并且持有这些债券直到借贷期结束，而不是购买债券基金，因为债券基金更容易发生资本损失的情况。

因为亚洲的债券市场规模更小，所以亚洲的大部分基金倾向于是泛亚的或全球的，并且持有许多国家或企业的债务。这些基金几乎总是会为投资者带来一些回报。基金本身可以像股票或股票基金一样进行交易，但是，基金价格的涨跌是基于对该基金的需求多少。

不喜欢债券基金涨跌的投资者，包括我在内，可以通过当地的银行或经纪人投资企业债券。[1] 如果投资企业债券，那么你将和借给资金的企业或政府形成直接的债券承诺。这样，你就避开了债券基金的波动性，可以持有债券直到它到期，然后获得利息并且收回自己的本金。

对于企业债券来说，只要你持有债券直到它到期，重要的就是你的收益率。尽管债券有 4 种不同类型的收益率，对你而言重要的是，支付给你的收入占借出金额的百分比。如果你购买了一只一年期的金额为 10 000 美元的债券，你就会借出 10 000 美元一年的时间。如果债券收益率是 2.5%，那一年你就会收到 250 美元（10 000 × 2.5%），分成两次收取，一次是在购买 6 个月后，另一次是快到期时，每次收到 125 美元。到期后，你的 10 000 美元本金也会归还给你。

如果退休者购买债券，那么债券一定要是零风险的!

许多退休者购买债券是为了资本保值。那么，是不是说购买了债券就不会遭遇损失了呢？并不是。如果你出借的企业或政府破产了，你就可能只能收回初始投资金额的一部分。或者，如果你需要在到期之前就出售债券，并且取回初始投资金，而且与此同时，利率上涨了，那么你收到的利息将比利率保持不变或下跌时所收到的要少。

我已经提过，对于持有安全、稳定的企业或政府债券的

① 在亚洲，因为一些债券的面值很大，这常常意味着你一次必须借出 250 000 美元，所以购买债券可能会有一些限制。

投资者来说，最大的风险不是破产，而是通货膨胀。你可能认为自己在保本，实际上，债券的收益率可能会非常低，以至于当把亚洲的持续高通货膨胀率考虑在内时，你的收益就会变成负的。

当利率开始缓慢上升时，债券基金的投资者也得小心，当通货膨胀深深根植于一个经济体中时，就容易发生这种情况。可能需要一段时间，但一般来说，利率的变化最终会影响债券基金的感知价值。具体情况要看你投资的是哪只基金，基金可能会大幅下跌，打破你对于基金是一个安全投资产品的印象。

以历史数据来说，债券确实比股票投资更加稳定，但它们也绝不是零风险的。归根结底，它们依然是投资产品。所以，如果你选择购买债券基金，请选择短期的债券基金，因为利率那么低，它们只有一条路可走，那就是上涨。

债券评级

怎么才能知道哪一只债券是好的选择，可以确保收回本金，而且按时收到利息呢？怎么才能知道应该购买贝蒂的债券还是韦罗妮卡的债券呢？

信用评级机构会对债券进行评级。最高的等级是 AAA 或 AA +，最低的等级是 CCC -。通常来说，风险越低，投资越安全，等级就越高。拥有 BBB 或以上评级的债券被认为是“投资级”的，避免购买任何等级低于 BBB 的债券，因为它们充其量就只是投机产品。投资级债券意味着，有很大可能你可以获得利息，而且还可以收回本金，因为这种债券获得了发行它的政府的保证，或者发行该债券企业的财务状况良好。

一家企业或一个政府的经济状况越稳定，越安全，它需要支付给债券持有者的利息就越少，因为市场上对这种债券的需求量很大。目前，AAA 和 AA + 等级的企业和国家，像新加坡，为债券支付的利息就非常低（1% ~2%）。美国也属于这一类，因为美元是全球储备货币，而且美国政府需要多少货币来偿还债务就可以发行多少。另外，发行债券的企业或政府经济状况越不稳定，债券的收益率就需要变得越高，因为需要吸引投资者把自己的钱借给他们。欧洲一些国家的债券收益率超过 15%，这是因为投资者担心他们会违约。所以说在债券市场，收益率高未必是一件好事。

债券购买者请注意

尽管债券市场“从历史角度来看风险程度比较低”，但债券市场可能比它看起来的要黑暗得多，风险也大得多。这是因为债券是由信用机构进行评级的，许多信用机构之间有利益冲突。

冲突如下：一位银行家付钱给信用评级机构，让它为一只债券评级。银行家想获得某一个等级，那样他就可以通过向客户出售债券赚钱。如果银行家获得了合适的等级，他会很高兴，而且卖出许多债券（并且获得他的奖金）。信用评级机构为债券评级的分析师想在未来和这位银行家做更多生意，因为这样年末的时候他们也可以获得一笔奖金，并且去像拉斯维加斯（Las Vegas）那样的地方公款旅行（由银行家提供）。据我所知，没有人会因为最准确地评定债券等级而获得奖金。

金融危机发生前投资者购买的所有糟糕的债券，其中有很多的评级是AAA，最高评级，而且大部分债券在某一时刻毫无价值。如果你真的想要深入了解债券市场的参与者，可以读一读迈克尔·刘易斯（Michael Lewis）的史诗般重述2008年金融危机的作品《大空头》（*The Big Short*）。这部作品极其智慧，有趣得令人捧腹，将带领读者一窥债务是如何在全球范围内被创造、购买和出售的。

让我们回到贝蒂和韦罗妮卡的例子中。两人都在寻找借款，以创建自己的公司。你认为谁会准时支付给你利息？谁会被评为AAA级？可能是韦罗妮卡。而且因为更多人会选择借钱给韦罗妮卡，她就可以与借款人协商支付更低的利息。作为借款人，你的收入可能会更少，但你可以确定韦罗妮卡会把钱还给你。

另一方面，贝蒂更加难以捉摸。你可能会准时收到利息和本金，也可能不会。她甚至可能会花掉你的借款来参加派对。毫无疑问，极少数人会想借款给贝蒂，所以为了获得钱，她需要支付更高的利息，这就是为什么贝蒂会使用信用卡。

持有债券的利与弊

投资债券有以下优势：

· 通常来说，债券提供安全、稳定的收益。

· 如果购买债券，你可以获得固定的收益。

· 如果你持有债券直到其到期，你就可以提前确定自己的债券投资收益。

· 到目前为止，投资短期美国国债已经被证明是严重金融危机中的安全港。

投资债券有以下缺点：

· 债券价值对利率很敏感。通常来说，当利率上涨时，债券价值会下跌，所以如果你没有持有债券直到到期，而是提前出售，那么你可能会损失部分本金。

· 如果通货膨胀率在你持有债券期间急速上升，你可能只收到一笔较低的、固定的利息。

· 信用评级机构可能有利益冲突。见以上“债券购买者请注意”的内容。

· 在亚洲，用小笔资金通常比较难买到企业债券。

关于黄金的一点建议

我们从20世纪70年代放弃金本位制起，黄金经历了它自己的爱恨周期。当利率很低，投资者担心发生恶性通货膨胀时，人们就会重拾“对黄金的爱”。想象一下，有一天

1 000美元还买不到一袋米，那就是恶性通货膨胀的思维模式。如果极端恶性通货膨胀的情况发生，我猜想，把金币带去商店购买食物不会是简单、安全的做法，而且应该是行不通的。

亚洲投资者特别喜欢投资黄金，因为就历史来说，在过去的100年间，亚洲许多国家的银行系统和政府遭遇过严重的混乱。因此，在人们不信任银行系统、货币或政府的国家，黄金被视为一种安全的储存财富的方式。而且，一些投资者喜欢黄金可以被携带出境这一点，而且在像越南这样的国家，你实际上可以用黄金进行大笔投资（即购买一栋房子或一辆车）。

如果你生活在一个政府和银行系统的经济基本面很健康的国家，你就需要记住被赋权投资者的目标。目标就是找到能长期、持续带来收益的资产，而不仅仅是随着时间的推移实际价格可以增长的资产。那就是为什么我不选择黄金，而是更倾向于购买会支付红利的企业股票和/或企业债券，或投资房产和农场，因为这些都是富有成效的，能赚取收益的资产。

如果你依然想投资稀有金属或投资级别的钻石，那么购买真正的金条、金币以及类似的产品，避免购买“纸黄金”或投资黄金的基金。你需要从一个信誉良好的黄金交易商那购买黄金投资产品，然后把它们保存在家里的保险箱中或接受管理的银行保险库中或一个专业管理的黄金保险库中。根据记录，我家购买过的唯一的黄金被保存在纽约市的世界贸易大厦里。“9·11”事件发生以后，黄金并没有归还给我们。

结论

几个世纪以来，人们对许多种资产进行过稳妥的投资，其中一些我已经在本章中介绍过了。为了构建财务稳定或财富，不存在正确或错误的投资。在阅读过这一章之后，你可能会认为某一项资产比另一项更吸引你。接下来我讲述的处理投资、风险和回报的最佳方法就是懂得，最好能接受增加资产类别，因为这样做可以帮你分散风险，避免把所有的鸡蛋放在一个投资篮子里。

第7章
好习惯和DIY资产配置

你对成功是什么的看法，必须真正来自于你自己。

——阿兰·德波顿（Alain de Botton）

在第5章，我们讲述了为什么投资获得一些收益是一个好主意，第6章我们阐述了你可以投资的种类，以及为什么投资不同的资产都各有优势和缺点。接下来的两章，我们将介绍如果你想自己投资（DIY）金融资产，那么有哪些基本步骤。

在一个充斥着财务顾问的世界里，你可能会奇怪，为什么有人会选择DIY。被赋权最多的个人会学习优秀投资者的习惯以及如何DIY，或者至少学会管理那些管理着自己投资项目的人。DIY阶梯上的第一级就是理解为什么女性可以成为优秀的投资者。理解了这一点后，在考虑了自己的个人情况后，你就能够了解自己可以承受多大的风险。

有了正确的习惯，女性能成为优秀的投资者

通常来说，因为人类大脑的结构，我们并不能成为优秀的投资者。你是否还记得第1章的内容，我们大脑中反应最快速的部分不是善于分析的“科学”大脑，而是猴脑和蜥蜴脑①（有助于解释为什么我们容易惊慌，或反应过度，或感觉迫切需要爬上一棵树藏起来）。结果就是，我们会在不恰当的时候出售投资产品，而且会追逐向上的投资趋势，因为就像旅鼠一样，我们不想掉队。

在所有条件相同的情况下，大部分女性比男性更适合掌握投资的艺术。在一本名为《沃伦·巴菲特像一个女孩一样投资，为什么你也应该这样做》（*Warren Buffett Invests Like a Girl and Why You Should, Too*）的小书中，作者露安·洛夫顿（LouAnn Lofton）指出，科学表明，女性投资者比男性投资者更具有优势，原因有以下几点：

- 女性的交易次数比男性少。
- 女性不会过度自信；她们知道自己不懂什么！
- 女性更现实。
- 女性会花更多时间研究和理解一项投资的细节。
- 女性比较少受到同辈压力的影响。
- 女性会更快地从自己的错误中学到教训。

---

① 译者注：原文monkey and lizard brains，查不到是什么，这里暂直译。

· 男性实际上是受荷尔蒙驱使的人，他们的睾丸素常导致他们冒（和需要相比）更大的风险。

我会增加我观察到的两点。**首先，女性能辨别出划算的生意；其次，一般来说，女性的风险管理能力比男性更好。**所以，从许多方面看，大部分女性拥有成为优秀投资者所需的性格和气质。我留意到，女性在投资中的问题是，相比男性，女性更倾向于把所有的财务决定交给其他人来做，不论是父母、丈夫还是财务顾问。

我还要补充一点，男性主导的金融业已经让投资变得非常复杂和不容易操作。因此，我认为，女性对金融资产投资感到不安全的原因，除明显的亏损风险之外，是我们缺乏实践。

投资应该更少关于追逐大量资产，更多关于将正确的习惯和充分的知识相结合以找到机会，同时，懂得其中涉及的风险，并且知道如何进行风险管理。其实，这和总是去同一家购物中心，并且知道值得买的东西什么时候在打折是差不多的，只是在这个例子里，购物中心是你当地的证券交易所或债券市场。

我据此创造出了以下 10 条关于计划和投资的黄金法则，反映了一位寻求长期财务安全的充满自信的投资者的习惯。本书的前半部分介绍了前 5 条黄金法则，最后这几章将介绍后 5 条黄金法则。

黄金法则一：征服你内心的动物园

正如早些时候所说的那样，如果你无法掌控自己的想法，那么以一种长期来看对你最有益的方式掌控你的财务决定几乎是不可能的。通过运用你的分析思维，征服动物性本能或破坏性思维方式，实现长期的财务安全。

黄金法则二：储蓄天堂

如果你不存钱，就不可能进行投资。掌握你的现金流和你每天的预算决定，创造健康的每月储蓄盈余。

黄金法则三：傻瓜才会背上过多的债务

拥有多张信用卡和用资产借款一样，都是“财务毒药”。**不要让任何人说服你用自己的可靠投资贷款，那样你会背上更大的风险。**这可能是失去一笔财富的万无一失的方法。我曾见过因为这么做所有的投资账户全部归零的例子，归零的是一位离了婚的女性的退休储蓄金。

黄金法则四：真实的世界，真实的收益

在所有好的计划中，特别是退休计划，你必须意识到通货膨胀的存在，以及它是如何影响你的收益的。真实收益（又叫作通货膨胀调整后的收益）是你将在真实世界里赖以生活的收益。

黄金法则五：采用定制的，而非旧的方案

过于简单的经验法则适用于过于简单的情况。你的可获得资源、投资期、当下的资产、现金流、收入需求、能承受的风险水平以及能积累的金钱数额之间存在直接的关系。根据这些条件，为自己定制一份投资计划并形成相应的期待。

黄金法则六：购买特价投资产品！

你为购买一项资产支付的价格对于你的整体收益来说很重要。追逐上涨的价格是一个坏习惯；当资产降价时买入是一个好习惯，但当你周围的人陷入恐慌时，不容易做到这一点。可以在指数投资或股息投资中调整资金组合，有助于你在不掺杂情感的情况下构建投资组合。

黄金法则七：KISS——投资简单的产品！

资产越复杂，风险就越大，后悔的可能性就越高。只要看看 2008 年金融危机时所有复杂投资（结构化金融产品）的表现，或者看看过去几年那些承诺巨额回报的高成本对冲基金的惨淡回报就知道了。对于投资新手来说，只需投资房产、股票、债券、定期存款或货币市场基金等简单的产品即可！

黄金法则八：降低投资成本

付出去的钱是你不用于投资或赚取复利的钱。这种成本

包括交易费、顾问费、付给销售人员的佣金、基金管理费等等。最好的投资组合会将价值最大化，将花费最小化。

黄金法则九：使用一种策略

随着时间的推移，所有资产的价值都会上涨或下跌。投资需要你在一段比较长的时期内，面对资产价格的涨跌，承担计算过的风险。投资不是活在担心、赌博或冲动地从众中。如果做得对的话，你做美甲的频率将比你看自己投资组合表现的频率要高。

黄金法则十：慢而稳能赢得比赛

关掉 CNBC（美国全国广播公司财经频道），忽略致富捷径和高谈阔论。媒体是用来娱乐的，所以观点的争议越大，播放的时间就越长。这种躁郁的、实况的播放新闻的方法将让你一时感觉愉快，然后接着就很痛苦。如果你需要冲动，那就试试跳伞。投资不是一项适合爱冒险人的运动。

现在，你知道了为什么自己应该能成为一位优秀的投资者，而且你已经了解了 DIY 需要拥有的习惯，接下来你需要了解的是，根据个人情况和需要，自己能够坦然承受多大的风险。

资产配置和了解你的风险承受能力

正如之前章节里所说的那样，大部分投资新手会进行战术性的思考，即“我想投资股票”或“我想在亚洲投资”，一份长期的战略性计划将涵盖以下这些问题的答案：

- 你的投资目标是什么？
- 你需要什么样的收益？
- 你的投资期有多长？
- 你需要多少收入？

在第5章，以玛丽亚和艾丽西亚的退休计划为例，我们能够留出一部分钱，获得一定的利息或收益，并且为两位女性制订退休计划。这里，你可以用类似的方法决定自己想承担多大的风险，这反映了你的长期需要和投资心理。

资产配置是你如何把你的钱分配到不同的资产类别里，如股票、债券等等，因为不同资产的不同权重可能会对你的长期预期收益产生很大的影响。在你制订好计划后，**资产配置是投资计划中第二重要的部分，因为它将决定你的长期预期收益。**

你的资产配置应该回答这类问题：“如果我在接下来的15年里，每月投资7 500港币来创建一个退休投资组合，而且我现在不需要很多收入，但我想每年获得至少5%的收益，我应该投资股票、债券，还是别的什么产品?!”

把资产配置想成是一个菜谱的正确配方。如果配料平衡得当，这道菜的味道会很好。但是，如果你把某一种配料加得太多或太少，这道菜（在这个例子里就是你的收益）可能不会像你预期的那么好吃。你的资产配置必须和你想要或需要的收益相对应，它也必须和你对风险的心理承受能力相对应。

找到阵营：长期收益 VS. 短期收益

当思考风险和回报的时候，大部分投资新手面临的挑战是，他们对市场下跌的忍受能力与获得他们想要的长期收益所需的耐心不相符。对于刚经历离婚的人尤其是这样，因为他们可能会想方设法地规避风险。正如早些时候所说的那样，投资的运作方式其实很简单；让投资变得具有挑战性的是我们的心理状态。

长期投资者得看年化收益。这指的是一段时间内你所获得的收益。换句话说，在20年的时间段内，股票可能给你的年化收益率是7%～9%，但可能有些年份你会亏损14%，有些年份你可能又获得22%的收益。也会有一些年份，你的收益和损失更少（或更多）。债券也有表现好的年份和表现差的年份，但波动性，或者说收益和损失的极端情况，通常更温和。

让我们假设，你需要获得8%的收益来实现你的长期目标，但你只想购买债券，因为债券似乎比股票“更安全”。在撰写本书的时候，相对安全的企业或政府债券的收益率是1%～3%，长期看来，不可能使你获得8%的收益。这里，你的8%的长期收益就和主要由债券组成的资产配置不相符。

在这种情况下，你要不就是重新思考自己愿意承担多大的风险，要不就是接受更低的收益，并且据此调整你的消费计划。让我们更详细地探讨这些方法，也就是你如何决定自己能承担多大的风险，以及你如何能调整自己的投资组合和期待，使其与你的风险承受能力相匹配。

那么，我可以承担多少风险呢？

只有你可以回答这个问题。下面这张表格提供了一种简单的测量方法，你可以用这种测量方法决定股票应该在你的投资组合中占多大比例。（这张表格取自于威廉姆·J. 伯恩斯坦（William J. Bernstein）的作品《投资的四大支柱》（*The Four Pillars of Investing*）中的原始表格，这里我把表格进行了调整，使它能更好地反映近期经济危机的严重性。）需要注意的很重要的一点是，这种表格中的“风险”代表的是股票的风险，而非债券。这是因为相比大部分债券，大部分股票的历史轨迹更不稳定，涨跌得更快，更加极端。这并不是说债券只会让你获得收益，而不存在风险。

在获取长期投资收益的过程中，我可以忍受短期投资（6个月）组合损失____	股票在投资组合中所占的百分比	典型投资者描述
60%或更多	80%或更多	积极的
50%	60%～70%	稳健的
40%	40%～60%	平衡的
30%	30%～40%	介于平衡和保守之间
20%	20%～30%	保守的
10%	10%～20%	防御的
0	0	固定的

以这张简单的表格作为参照，大部分离了婚的人，像大部分退休者一样，最可能想成为“固定的”投资者，因为他们无论如何都更倾向于不承担任何风险，以保存他们目前拥有的资金。我们已经讲述过这种策略的问题所在，即通货膨胀会吞噬你的储蓄。

所以，在任何超低风险的情况下，挑战变成了，如果你不把钱用于投资，那么如何靠这笔钱生活30～40年的时间。是的，你可以把钱存在银行。但是，因为利率很低，你最有可能需要准备如何应对通货膨胀。然后，就像第6章中所阐述的那样，这将变成编制预算的问题，而不是一项投资。

而且，如果你只想投资几年，那么金融市场并不适合你，除非你想购买企业短期债券。金融市场的波动性太大，没有人可以预测明天会发生什么。在这一章接下来的部分，我将假设你至少想把一部分钱用于长期投资（10 年以上），以获得一些收益。

实践资产配置：股票和债券的“阴”和“阳”

你还记得第 6 章所学的内容吗？人们投资不同的资产类别以分散风险，不把所有的鸡蛋放在同一个篮子里。投资者购买股票以实现增长（贪婪），并且跟上通货膨胀的速度，而且他们购买债券以赚取收入，并且在股票市场走势不好时（担心）保护资金防止损失。股票和债券的“阴”和“阳”拥有心理上的和实际上的益处。

如果你投资 10 000 美元，投资组合中损失了 20%，那么你需要获得 25% 的收益，才能回到最开始的 10 000 美元（10 000 × 0.80 = 8 000；8 000 × 1.25 = 10 000）。如果你损失了 40%，那么你将需要获得 67% 的收益，才能不赚不赔，达到 10 000 美元。所以，如果你不增加投资并在市场低点买入，那么损失会很大，如此你就需要获得更多收益，花更长时间，才能赚回初始投资的金额。

这种“担心”和“贪婪”的方法被称为“投资的平衡法”，60% 的股票和 40% 的债券是许多投资组合的基础配置，因为历史上这种投资组合获得了比较好的长期收益。① 因此，

---

① 美国投资管理公司先锋集团（Vanguard）发表了一篇名为《衰退和平衡的投资组合收益》（Recessions and Balanced Portfolio Returns）的文章，文章探讨了简单的 50/50 投资组合的益处。这篇文章研究了从 1926 年起，50% 高质量美国债券和 50% 美国股票的假设收益。并不奇怪的是整体表现非常出色，平均名义收益率是 8%。

在大部分投资组合中持有一些债券的吸引力在于，它们能赚取稳定的收入，而且传统上是作为保护投资组合免受股票市场波动性影响的缓冲。正如之前所述，美国国债和美元，在像2008年那样的经济危机中，是迄今为止最安全的安全港。

从心理上来说，即使你是做长期投资，20%的损失总比40%的损失要容易接受。如果一位离了婚的人收到了一笔一次性补偿金，但没有赚得任何收入或获得每月支付的赡养费。她也可能想投资那笔补偿金，但当市场下跌时不会更多地买入，所以用债券缓冲股票投资和市场下跌风险。

资产配置和总收益：它是如何运作的

让我们假设，一位投资者喜欢创造投资组合这个想法，她想知道自己应该在股票、现金和债券上分别投资多少。让我们以投资0美元开始，20年后的退休目标是拥有1 000 000美元。我们在决定这1 000 000美元的金额时已经把通货膨胀的因素考虑在内。所以，如果投资期是20年，实现这个目标的能力只基于两件事：首先，可以储蓄多少金额？其次，让这位投资者感到舒服的资产组合是什么？

假设预期收益如下：股票赚7%，债券赚4%，现金赚1%。我们将用过往的数据做假设，因为不幸的是，没有人知道未来的收益会是多少。所以我们需要用过去的信息预计未来的收益。让我们看一看投资股票、债券和现金的两种情况。

第一种情况是，投资者害怕投资，只想持有安全的政府债券和现金。

方案 1：固定投资组合——50%债券，50%现金

	A 栏	B 栏	A 栏 ×B 栏
资产	比重（这个资产类别的投资占投资组合的百分比）	预计收益	预期收益
股票	0	7%	0
债券	0.50	4%	2%
现金	0.50	1%	0.5%
总预期收益			2.5%

在固定投资组合的情况下，投资者预计每年能获得 2.5% 的收益，如果要在 20 年里实现她的目标，那么每年就需要存 39 147 美元。

第二种情况展示了，当投资者愿意分散投资类型并且承担风险，会发生什么。

方案 2：平衡投资组合——60%股票，30%债券，10%现金

	A 栏	B 栏	A 栏 ×B 栏
资产	比重（这个资产类别的投资占投资组合的百分比）	预计收益	预期收益
股票	0.60	7%	4.2%
债券	0.30	4%	1.2%
现金	0.10	1%	0.1%
总预期收益			5.5%

在平衡投资组合的情况下，为了实现相同的目标，投资

者每年需要存的钱要少得多，只需要 28 679 美元。

针对这个预期收益分析，有一个可能出现的逻辑上的后续问题是：“我不想承担平衡投资组合那样大的风险，但我依然想存相同数目的钱。我的选择是什么?”这个问题的答案很简单。你需要做以下的一件或两件事。

1. 存更多的钱。

2. 投资时间比 20 年更长，让收益在更长的时间里带来复利。

你也可以调整退休目标，所以金额会比 1 000 000 美元少。重点是要现实一些，而且在考虑到不同投资产品的预期收益的情况下，把你愿意承担的风险和你可以实现的目标匹配起来。

让我们看看，对于一位在离婚协议中获得了一笔 1 000 000美元一次性补偿金的女性来说，如果我们今天投资这笔钱，那么在以上这两种情况下，这笔钱的金额会变成多少。在固定投资组合的情况下，她将在 20 年的时间里获得大约 1 638 616 美元的复合收益；在平衡投资组合的情况下，她将获得 2 917 757 美元的复合收益，是另一个数额的两倍不到！

我只是用这两种情况阐明，只是将资产配置从固定投资组合转变成平衡投资组合，随着时间的推移就会带来复合收益的巨大差异。

话虽如此，在考虑到投资期和其他相关因素的情况下，

你永远不要承担让自己感觉不舒服的风险。有时候，更安全的策略是，更好地管理自己的支出，并且储蓄更多，而不是追求风险程度让自己不舒服但收益更高的投资。

资产配置：当经验法则有些愚蠢的时候

关于资产配置的经验法则有很多，其中有许多太简单了，无法应用于复杂的情况。例如，你投资债券的比例应该和你的年龄相同，这就是我不能忍受的其中一条经验法则。你应该在更短的投资期内更谨慎地投资，并且采取资本保全的方法，集中关注保有自己的初始投资并且赚取一些收入，这是讲得通的。但是，只是因为一位女性的年龄是70岁，就用她一生储蓄的70%购买任何旧的债券基金，这就很荒唐了。利率只需要上升1%，部分债券市场就会受到重创，把资本保全转变为资本损耗，特别是当你投资债券基金，但没有持有企业债券直到其到期，这种情况下资本损耗更加严重。

你需要好好规划你的投资期和资产配置，这样做是正确的，因为随着你接近退休，你需要花更长的时间来弥补比较大的投资失误。这就是为什么，到退休的时候，更多投资者会减少投资，甚至那些拥有充足收入和资源的投资者也会这样做，他们会寻找更安全的资产和更稳定的收入。但是，请一直记住，什么被认为是安全的是相对于每个人的独特情况而言的**并**与长期市场趋势有关。如果债券的价格处于“史上最高”，那么债券的长期趋势就很可能是价格下跌，根据债券持有者的投资选择，他们可能会损失很多。实际上，在撰写这本书的时候，我们就已经意识到这种情况了，因为利率开始上涨，投资者们开始逃离债券基金。

当你需要决定自己的资产配置时，除了长期趋势和投资期，还有许多需要纳入考虑的可变因素，比如你赚取收入或提取养老金的能力，以及任何被赡养的需要。因此，考虑所有这些因素，包括你正处于自己生命周期的哪个位置，而不是简单地投资和自己年龄相同的比例，这么做将帮助你确定一套更准确的资产配置。

以下是顾问在根据生命周期阶段和投资者性格配置投资组合时可能会参考的一些个人风险描述，仅供说明。

描述	资产配置	生命周期阶段	目标	风险
固定	现金和定期存款	不喜欢市场动荡。愿意削减生活支出以弥补通货膨胀的影响	资本保全	通货膨胀
保守	20%股票，50%债券，30%现金	是依靠可靠的固定收入生活的人。如果需要的话，愿意削减支出以弥补通货膨胀的影响	资本保全，以及通过债券、分红股票或指数基金获得收入	赚取的收入跟不上通货膨胀的速度。债券基金廉价出清，你面临着比预期更大的资本损失

续表

描述	资产配置	生命周期阶段	目标	风险
平衡	50% 股票，40% 债券，10%现金	年龄在 40～60 岁，除了金融投资，还有一笔可靠的现金流。	跟上通货膨胀的速度，将收入和分红进行重新投资，创造稳定的财富	股票和债券基金一起下跌，两者都受到损失
适度的积极	70% 股票，30%债券	除投资组合之外，还有一笔可靠的、增长的现金流	创造财富，获得资本收益，将红利再投资。	在几个月内有50%或更多的短期损失。如果没有在市场低点进行投资，可能要花好几年才能弥补亏损
积极	在股票上配置70%或更多	可以经受住市场动荡，不论是长期的还是严重的。愿意而且能够“双倍下注”，在市场动荡期间投资更多	创造财富，获得资本收益，将红利再投资	在几个月内有50%或更多的短期损失。如果没有在市场低点进行投资，可能要花好几年才能弥补亏损

那么这张表格的逻辑将如何应用于某个经历了离婚的人？像大多数人一样，大部分离了婚的人会落入固定和平衡投资者的类别。一些离了婚的人依然会工作，除了离婚补偿金，在可预见的未来还会有稳定和不断增长的收入。其他离了婚的人的生活方式更接近退休者。以下面两个例子为例来

进行说明。

凯瑟琳（Kathleen）是新加坡人，作为离婚协议的一部分，她收到了一笔750 000新加坡元的一次性补偿金。她拥有一栋贷款已还清的房子，一个人生活。她60多岁了，不工作，能从孩子那获得一些钱，而且拥有一小笔可以覆盖基本支出的政府养老金。

她的目标是资本保全，即保全那笔750 000新加坡元的资金，不产生任何资本损失。因此，她把350 000新加坡元存了短期定期存款，用400 000新加坡元购买了短期新加坡政府债券。这些投资将给她带来一年5 000新加坡元的预计额外收入流（$400 000×1.25%）。①

凯瑟琳的投资性格是固定或保守投资者。如果凯瑟琳需要或想让她的投资收益增长，以跟上通货膨胀的速度，那么需要怎么做呢？相比仅持有短期定期存款，她可以购买一些分红股票或房地产信托投资基金。她的一些资本将面临更大的风险，但为了赚取更多收入，她愿意这么做。

另一种情况是苏古纳（Suguna），她40多岁，有一份稳定的工作。离婚时，她收到了一笔少一些的一次性补偿金，450 000美元，每月还会收到子女抚养费。苏古纳的目标是跟上通货膨胀的速度，并且建立一套退休投资组合。

因为她想保全她的一次性补偿金，但不想购买债券，所

① 这只是一种说明，利率代表了新加坡政府债券2~5年的平均利率。

以她投资了定期存款或货币市场基金。但是，考虑到自己每月可以从工作中获得存款，苏古纳可以用这部分存款进行更积极的投资，因为她距离退休还有20年的时间。

所以，苏古纳从每月的工资中取出2 500美元剩余的现金，投资一些小公司的成长型股票和大公司的分红股票。苏古纳意识到，短期来看，她的投资组合将会获得收益也会有损失，但长期来看，相比把钱存在银行，她将获得更多的总收益。因为现金储蓄和股票是这样的比例，苏古纳更像是一位平衡投资者。

这里的表格和经验法则是为了提供思考的素材。很显然，随着你的投资期和生命周期状态的改变，改变你的资产配置是说得通的，因为你的需要发生了变化。你的资产配置不是一成不变的，这只是让你在某个时间点衡量自己愿意为了预期收益承担多大风险的一种方式。

亚洲大部分投资者的风险预测是通过相当简单的投资者风险概况调查进行的，这份调查强调了你可以承受什么风险。①

除了制作投资者描述以及创造完整的财务计划，我也会问任何与我合作的人以下这个问题："你在2008年经济危机时做了什么?"

如果答案是"我完全吓坏了，不知道做什么，而且考虑

---

① 登录网站 www.bmo.com/advisor/canada/internet/us/files/Investor%20Profile%20Questionnaire%20-%20358E.pdf，阅读这种调查的一个例子。

出售（或确实出售了）资产，获得现金"，那么你可能至多是一位保守投资者，除非你可以接受股票和债券价格会上涨也会下跌，而且那些涨跌常常是投资者应该抓住的购入机会。

如果答案是，"我很紧张，而且看到股票损失了那么多（在有些例子中是债券）当然不会感到兴奋，但是我想我会耐心等待，经受住考验"，那么你可能是一位平衡投资者，应该寻求更多的分红收入，以及可能应该购买短期私人债券或债券指数基金，以弥补市场大幅下跌带来的不安。持有多一些的现金可能也是一种选择。

如果答案是，"这是我人生中最棒的 6 个月。我一直在等待一场危机的发生，等不及购买更多的股票了"，那么你就在适度积极到积极的阵营中。也就是说，你需要一张更大的安全网，而且手头需要持有更多的现金，以在股价大规模下跌期间购入更多股票。

如果你当时没有进行任何投资，但看到了这场经济危机带来的影响，没有亲眼看到自己的投资项目下跌 50%，你怎么会相信自己当时可能的感觉?

我遇到过的适度积极投资者或积极投资者（事后看来更勇敢的人）很少。我认识的真正的积极投资者拥有信托基金或其他重要的收入来源，能够让他们不断地超越自己的投资组合，而且他们拥有现金，能够在损失时双倍下注。实际上，通常来说，客户越富有，他们越倾向于保守。我还没有遇到过一位离了婚的人，出于好的原因成为适度积极投资者或积极投资者。

撰写你自己的个人投资政策声明

现在，你很有可能已经知道根据性格和收益需要自己将如何进行资产配置。这意味着现在你已经准备好撰写自己的投资政策声明，或 IPS（Investment Policy Statement）。

这是一位专业顾问将为你做的事情，为的是理清目的、目标、投资期和收益。但是，因为你是自己的顾问，你将需要为自己写一份投资政策声明。你的个人投资政策声明应该类似以下这段文字："为了在接下来的 20 年里创造一套退休投资组合，我每月将在一个投资组合中投入 2 000 美元，其中股票占 50%，债券指数基金占 50%，预期获得 5% 的真实收益。我的目标是跟上通货膨胀的速度，并且每年从我的投资中获得 2.5% ~3% 的收益。"

不论是你在管理投资组合还是别人在管理，一份投资政策声明可以为你的投资组合创造规则和界限。需要把投资政策声明写下来是因为，这样你就可以为自己的长期财务状况做出承诺，而且在经历经济困难时期时，它也可以起到提醒的作用。

准备好你的购物袋：开设一个经纪账户

除了知道自己的资产配置和撰写投资政策声明，如果你想购买企业债券之外的其他投资产品，你就需要开设某种经纪账户。理想来说，你应该开设一个在线经纪账户，而不是线下账户，操作线下账户需要你接触一个真实的人（你的经纪人），由他来执行你的命令。

网络券商的费用通常比线下券商的低。在中国香港，所有大型银行，许多小型独立券商，还有美国的嘉信理财（Charles Schwab）都提供这项服务。

如果你计划在新加坡开设在线经纪账户，你可以考虑使用独立网络券商辉力证券（Phillip Securities），因为大型银行经纪人业务的费用太贵。更好的是，可以跳过所有收取过多费用的本地平台，在盈透证券（Interactive Brokers）注册，因为这家企业使你能够用多种货币通过国际汇兑进行交易，而且交易成本比较低。

我个人使用的是嘉信理财和盈透证券。目前，嘉信理财只能在亚洲的中国香港地区进行操作，不过，它已经扩大了其全球平台，现在中国香港、澳大利亚以及其他不少国家和地区的居民都可以在这个平台上进行交易，但是，遗憾的是，新加坡的居民不能交易本地的股票。嘉信理财百分百独立于银行和其他潜在争端，而且我发现它的用户界面、费用、员工的素质、个性化服务以及独立研究的表现在同类券商中是佼佼者。

新加坡的规则：合格投资者 VS. 普通人

中国香港、曼谷和许多其他的城市允许投资者随意购买自己喜欢的投资产品或服务，但新加坡不同，新加坡鉴别出了一类投资者，他们被称为合格投资者（AI，accredited investor）。这类投资者每年能赚300 000新加坡元，而且拥有超过200万新加坡元的投资资产。合格投资者在如何进行投资方面拥有多得多的选择（相比非合格投资者，他们也被迫购买了多得多的有问题的投资产品）。

这个系统在某种程度上保护了小型投资者，因为法律禁止金融中介机构向新加坡居民出售最基本投资产品以外的任何产品。遗憾的是，这限制了使用新加坡投资平台的新加坡居民的投资选择，因在新加坡投资平台上，只有合格投资者可以购买交易型开放式指数基金。结果就是，许多不是合格投资者的新加坡居民投资者被迫购买了主动型管理基金，因为其他的选择非常有限。

新加坡投资平台的交易费是每次25新加坡元，相比其他国家，这笔费用很昂贵。为了应对这条“不能投资交易型开放式指数基金”的规则，新加坡的有冒险精神的个人投资者前往海外，开设了每次收费少60%的经纪账户。一般来说，这些是用美元、在美国交易的账户，如果企业破产，联邦投资保险会为每个账户赔付最多500 000美元（最多100 000美元现金）。如果个人投资者选择留在主要是新加坡投资项目的新加坡平台，那么除了投资主动型管理基金，还可以购买私人股票、房地产信托投资基金或债券。

分析你的遗留政策：投资者的监狱

如果你在亚洲，作为离婚协议的一部分，你可能需要处理一些关于遗留投资政策、养老金或投资组合的问题。这本书不可能涵盖每种可能的情况，但我会介绍最普遍（以及最恶劣）的计划，这就是“强制储蓄/投资计划”。在亚洲，销售这个计划给你的人最有可能是帮你开设银行账户的那个人，一位独立理财顾问（IFA，independent financial adviser），或是一位人寿保险代表。

如果你持有的和一直以来投资的计划实际上是一份人寿保险计划①，而且这份计划要求每月投入一定的资金或保险费，把你的资金锁定5年或更久，而且如果提早取出需要支付很大一笔罚金，那么你的这部分资产就是我所谓的“投资者的监狱”。我把它称为投资者的监狱是因为，这种计划没收了你的钱，而且常常收取高利贷般的费用，因此违背了黄金法则八：降低投资成本。

这类计划通常会销售给那些并不拥有大量最小投资项目的人，这个计划就开启了他们的投资组合。这类计划会声称它是为了“让你在艰难的时候保持勇敢和继续投资”，因此你必须每个月都投入一定的资金，那样才可以使计划顺利进行。结果就是，它常被当作一份养老金计划进行销售。

① 如果你持有一份保险公司的保单，不论是谁销售给你的，或他们口中这份保单叫什么，这就是人寿保险计划的一种类型。

不论是谁把这份计划销售给你一家的，他（她）很有可能已经在佣金上赚了一小笔钱，随着时间的推移，这些佣金会缓慢地通过相关费用从你的账户中榨取出来。你可能或可能没有被告知这些费用和佣金的存在。此外，除了保险顾问已经获得的佣金，你可能每年还在向他们支付一笔管理费。①

如果你拥有这样的一份计划，或是拥有一组无意义的投资组合，那么你可以这样做：

1. 问你的顾问，到目前为止，**真实年化收益**是多少。意思是，你的投资在考虑了通货膨胀的影响后，平均每年的收益是多少。你的账户金额可能因为你每月增加投资而有所增长，但是否有实际投资收益。

2. 要求你的顾问就计划开始以来产生的所有费用列一个清单。让他们把实际的现金费用、手续费和佣金写下来，不是比例或基准点。

3. 问你的顾问，当这份计划销售给你的时候，他们和公司赚到了（或继续赚到）多少佣金。

4. 如果你没有参与购买这份保险，那么找出购买这份保单的原因。它是一份养老金，还是一份有目的的储蓄计划。它起到了避税的作用吗。

---

① 例如，一份持续25年，每月保险费为35 000港币（合4 500美元）的储蓄计划，其初始佣金是441 000港币（合56 903美元），后续的全部佣金差不多是200 000港币（合25 806美元）。对于几个小时的工作来说，算是不错的收入。来源：《标准》，“在贪婪的引导下”，2005年7月4日，www.tannerdewitt.com/media/publications/guided-by-greed.php。

5. 问你的顾问，这份计划的基础货币是什么。意思是，如果你想在新加坡使用这份计划的收益，那么你账户中的收益应该以新加坡元，而不是美元的形式存在。你应该能在你的结算清单中看到这一点。如果你的结算清单没有反映你的本国货币，问一问为什么是这样。

你的顾问有可能不愿意回答这5个问题，他们知道这些问题意味着什么，很有可能你的顾问会处于一种防御状态。如果情况是这样，很显然你的顾问不想帮助你，那么告诉他们你将立刻暂停这个计划，而且除非你得到了所需的答案，否则你将不再往里面投入任何资金。

如果你对收益和涉及的费用不满意，那么考虑一下是否要继续和这位顾问合作。你可能无法结束这份计划，但你当然可以选择管理自己的账户，或让别人管理你的账户。管理资金的人成百上千，所以你完全可以挑选自己满意的人选！

另外，如果你的顾问对你开诚布公，那么基于到目前为止产生的所有费用和收益，你需要决定是否想继续这份计划或投资组合。这类计划可能拥有避税的优势，而且/或对于缺乏自我控制能力的人来说，这份计划可以帮助他们在经济衰退时期持续进行投资，到最后可能会取得成功。但通常情况下，这些保险单简直就是在浪费你的钱。

结论

很少有投资者会对自己的长期投资决定感到后悔，但是，形成一种不带感情进行长期投资的方法是需要时间的。形成正确的习惯和遵循黄金法则需要时间；培养理解市场心理所需要的自律和自控需要时间；而且，因为这里的终极挑战是投资的心理部分，如果在评估你的风险承受能力和计划你的资产配置和未来预期收益时，你处于一种财务稳定的状态，这将帮助你保持现实的心态。

第8章

尝试一下——采取行动的时间到了！

对于大部分人来说，投资的挑战不是开设账户以及在市场上买进，而是掌控他们自己的金钱习惯、情绪反应和心理。这就是为什么，特别对于离了婚的人来说，当你开始踏上金融资产的长期投资道路时，拥有持续的正向现金流，没有沉重的债务负担，以及感觉情绪在控制之内是很重要的。

永远记住，没有完美的投资方法，也没有所谓的“投资高招”。正如我们在上一章中所探讨的那样，投资什么和你的风险承受能力，你正处于生命周期的哪个位置，以及在面对通货膨胀时你调整自己消费的意愿和能力密切相关。

投资策略有成百上千种。这一章将为个人投资者介绍两种基本策略：拥有平衡回报的指数投资，以及红利/红利增长投资。这两种策略会引人深思，因为对于人们来说，其中一种策略比另一种更具有吸引力。我将分别介绍这两种策略，清晰地展示它们的优势与缺点，但这两种策略也可以混合运用，相互配合以达到良好的效果。

理解市场崩溃

在你即将开始投资的时候，我想探讨两件最有可能出现在你脑海中的事：投资泡沫和2008年的金融危机。这类事件可能会在许多投资者心理上留下创伤，所以让我们探讨一下投资泡沫，以及它们为什么会发生。

许多人表现得好像2008年的金融危机是“一生只发生一次”的事件，未来永远不会再发生了一样。很显然，这是错误的。自从金钱出现之后，金融泡沫和恐慌就一直存在。在信用违约掉期出现或任何一家华尔街公司创建之前很久就已经有骗子把不良投资产品推介给毫无戒心的买家。

现代金融泡沫是在经济扩张的时候形成的，就像现在世界上的主要经济体，例如美国和日本，所拥有的那样。在2008年金融危机发生之后，政府一直在投入资金努力推动形成一个新的商业和经济扩张周期。他们把贷款利率保持在比较低的水平，使企业容易借到钱。他们的打算是，政府借银行以比较低的利率借款给企业，反过来，创造工作。这会让人们感到自信，然后就会花钱，这样一个正常的经济周期就再次开启。

但事情是这样的，仅仅因为某国政府把钱注入一家美国或日本的银行，不意味着这笔钱会被用于美国或日本的投资。你可能会认为它应该会，但并不是。企业、银行、养老基金以及其他大量资金会在全球搜寻能获得良好收益的投资项目。一些进入金融系统的钱不可避免地被汇聚起来，有时候非常快速地被注入挑选出来的资产，然后泡沫就形成了。20世纪90年代的亚洲房地产与股票市场以及最近美国的房地产市场就发生过这样的事。

最终，政府试图减少泡沫，提高利率，收紧贷款或运用其他的方法，比如新加坡和中国香港房地产市场应用的新一轮的印花税。这股快速流动的“热钱”常常会突然逆转，导致泡沫迅速破灭，这对于陷入一时狂热的投资者来说往往是痛苦的。像新加坡和中国香港这样的小型、开放经济体可能会感觉这种现金流的逆转尤其严重。

这些泡沫遵循一定的模式，你需要熟悉其中的长期模式，因为这些是可能帮助或妨碍你做投资决定的模式。在其他所有人都处于购买狂潮，又叫作“市场高点”时，你应该避免贪婪和买入，在恐慌中，你应该避免恐惧和售出。实际上，最优秀的投资者做的是相反的事。2009年上半年，最恐惧的时期，购入股票或房产的投资者将在几年后获得巨大的收益。

对于单纯寻求经济安全的读者来说，正如沃伦·巴菲特常被引用的那句话一样，当别人都贪婪的时候恐惧是不够的，当别人都恐惧的时候贪婪是不够的。静静等待经济危机的发生是一种投资方法，但对于需要固定收入的人来说，这并不是一种理想的投资方法。你需要弄清楚当许多人恐惧，同时也有许多人贪婪的时候自己该怎么做！

拥有平衡回报的指数投资：在一个一半人恐惧，一半人贪婪的世界该怎么做！

在第 6 章，我们介绍了指数投资，以及为什么人们会购买被动型基金或交易型开放式指数基金来进行指数投资，这样做能让人们通过一只基金实现多样化，支付非常低的费用并且追踪指数。在第 7 章，我们探讨了总收益，投资一个资产组合，通常是股票和债券，然后会根据你的资产配置为你提供一份预期收益。现在，让我们把这两个概念结合起来。

还记得恐惧（买入债券以赚取收入和避免亏损）和贪婪（买入股票以实现增长）法吗？那就是为什么在大多数平衡投资组合中，股票和债券通常占据主要的比重。股票和债券指数基金有很多，其他投资方式也有很多，比如你可以买入房地产信托投资基金、黄金等等，但是，这里让我们以黄金法则七："KISS——投资简单的产品！"来创造一个投资组合。

一开始，让我们创造一个价值为 100 000 美元的投资组合。然后，你决定用 40% 的钱投资股票，40% 的钱投资债券，另外 20% 的钱保留现金形式。所以你需要购买 40 000 美元的股票指数基金，40 000 美元的债券指数基金，然后剩下的 20 000 美元保留现金形式。通过购买这些资产，理想来说，经过一段具体的投资期后你将实现自己的预期收益。

你的预期收益将根据这套资产配置进行预估。正如第 7

章中所说的那样，假设我们预期股票能获得7%的收益，债券能获得4%的收益，现金能获得1%的收益，然后，就可以估算出这个投资组合多年后的年化收益，如下：

100 000美元DIY投资组合——40%股票，40%基金，20%现金

	A栏	B栏	A×B栏
资产	**比重（这个资产类别的投资占投资组合的百分比）**	**预计收益**	**预期收益**
股票	0.40	7%	2.8%
债券	0.40	4%	1.6%
现金	0.20	1%	0.2%
预期总收益			4.6%

新加坡

如果你在新加坡生活，而且你需要在新加坡使用投资组合的收益，那么你的本地股票和债券市场应该体现在你的投资组合中。所以你应该购买SPDR① 新加坡海峡时报指数交易型开放式指数基金（基金代码：ES3），因为这只基金追踪股票的海峡时报指数，对于债券，你应该投资ABF② 新加坡债券指数基金（基金代码：A35）。

如果你喜欢指数投资这个主意，但因为不是新加坡的合格投资者而无法投资交易型开放式指数基金，那么你有两种

① 译者注：标准普尔预托证券。

② 译者注：亚洲债券基金。

选择：去海外购买交易型开放式指数基金，或是留在国内，购买主动型管理基金。

如果你决定去海外，你可以尝试在中国香港，或通过一家美国网络券商开设一个账户，使你能够购买新加坡股票指数（基金代码：EWS），这个指数紧密追踪海峡时报指数。然后考虑通过当地券商或银行购买相对小额的单个政府债券。

如果你留在国内，那么考虑购买像安本新加坡股票基金（Aberdeen Singapore Equity Fund）和联博短期债券基金（LionGlobal Short Duration Bond Fund）（联博基金持有将近50%的新加坡企业债券）这样的联合基金。记住，你将为主动型管理基金支付更高的费用，而且这种债券基金的风险比新加坡政府债券基金更高。这里提到的两种主动型管理基金分别需要收取1.5%和1%的费用，但两者还需要收取3%的认购费，在最初投资的时候会收取这笔费用。

中国香港

如果你在中国香港，应该考虑购买汇丰银行ABF中国香港债券指数基金（基金代码：2819），这只基金投资的是中国香港政府支持的债券。对于股票，你可以购买恒生追踪指数交易型开放式指数基金[①]（基金代码：2800），追踪的是恒生指数。（注意，因为恒生指数非常偏重房地产开发商和金

① 译者注：源文是Hang Seng Tracker Index ETF，查不到名称，暂直译。

融业，该指数将为进一步多元化而付出更多代价）（见下面的“为了更加多元化而走向国际”的内容）这两个基金会支付固定的红利，而且它们每年的费用低于0.20%，相比大部分主动型管理基金，这笔费用就微不足道了。

如果你感觉恒生债券基金没有投资价值，那么你可以投资像ABF泛亚债券指数基金（基金代码：2821）这样的产品，这只基金持有亚洲政府的债券。目前，它的收益率大约是3.9%，它持有最多债券的国家和地区是中国、韩国、新加坡和中国香港。这只债券不收取初始费用，而且年费只有0.13%，但它的风险比持有当地政府债券要高。奇怪的是，这只债券是在新加坡支付和管理的，但只在中国香港上市。

为了更加多元化而走向国际

新加坡和中国香港是独特的小型市场，所以大部分股票投资者应该使投资组合的地域更加多元化，接触全球的大型跨国企业。他们也可以在投资组合中加入一些安全港式政府债券，例如美国国债。这么做可以把风险降到一定程度，你就不会完全依靠本国市场获得所有的收益。而且，大部分全球股票指数基金追踪的是拥有大量资金，支付不少红利，而且可以有策略地渡过挑战性经济时期的品牌企业。①

① 在新加坡，如果你是一位合格投资者，你就可以购买许多指数基金和交易型开放式指数基金。类似的，在中国香港，你可以通过兑换投资许多交易型开放式指数基金，还有许多美国的大型跨国公司。我在第369～376页的“资源”中列出了每种兑换的一些选择。

对于股票占40%的资产配置，可以考虑把其中的20%分配给你的本地指数，另外的20%分配给国际指数，投资组合剩下的部分由债券和现金构成。根据100 000美元的DIY投资组合模型，以下以中国香港为例说明你可以如何进行投资：

	A栏	B栏	A栏×B栏
资产	比重（这个资产类别的投资占投资组合的百分比）	预计收益	预期收益
中国香港股票指数	0.20	7%	1.4%
国际股票指数	0.20	7%	1.4%
债券指数基金	0.40	4%	1.6%
现金	0.20	1%	0.2%
预期总收益			4.6%
20年的预期收益			$245 829

在不同的地域（新兴市场、全球指数、欧洲、美国等）和部门（IT、非必需消费品、工业等），你可以投资成百上千种不同类型的被动型指数基金和交易型开放式指数基金。以下是关于更多样化选择指数基金、交易型开放式指数基金及各自国外股票的例子。还有一些基金可以根据你的居住地在国内购买。

部门	股票代码
先锋大盘市场（美国）交易型开放式指数基金	VTI
先锋全球美国除外房地产交易型开放式指数基金	VNQI
先锋摩根士丹利资本国际公司欧澳远东交易型开放式指数基金（非美国市场）	VEA

续表

部门	股票代码
先锋大盘债券市场交易型开放式指数基金	BND
PowerShares 国际公司债券（PICB）	PICB
先锋富时指数公司新兴市场交易型开放式指数基金（VWO）	VWO

慢慢开始指数投资

你可以投资任何数量的指数基金。但开始的时候，适宜挑选两到三个基金，并且投资简单的产品，直到你掌握窍门。你为投资产品支付的价格很重要，就像任何资产一样，指数基金的价格可能变得高得离谱。所以，在6个月的时间里，根据你的资产配置慢慢投资，确保自己没有以历史最高的价格购买。一旦你抓住了指数投资的感觉，随着自己信心的增长，你就可以在自己认为合适的时候扩展投资组合。

再平衡你的资产配置——给仙人掌浇水

指数投资就像是照顾一棵仙人掌。你不需要为仙人掌做太多事情，它就可以长大；你只需要偶尔给它浇一点水。在指数投资中“给仙人掌浇水”被称为再平衡。通过偶尔再平衡你的投资组合，你执行了“高卖低买”的观念。如果你像这里描述的那样进行指数投资，再平衡将向你的投资组合中渗透一种规则，如果不这样做，那么作为一名投资者你将无法形成这样的纪律。

让我们来看一看一个 250 000 美元的低成本指数基金投资组合，这个平衡的投资组合中股票占 50%，债券占 50%。通过你的网络券商，你将用 125 000 美元购买一只股票基金，用 125 000 美元购买一只债券基金。

当股票大幅上涨时会发生什么？假设你的股票指数上涨了 20%，债券指数下跌了 10%。然后，你将拥有 150 000 美元（$125 000 × 1.2）股票基金以及 112 500 美元（$125 000 × 0.90）债券基金。你的账户总额将增加 $262 500① - 250 000 = $12 500，但是资产配置已经从50/50的比例转变为 60% 股票、40% 基金的比例。

这里就用得上再平衡了。在这种情况下，再平衡将迫使你做以下两件事中的一件：你要么可以往比例下降的指数基金中投入新的资金，这个例子中是债券指数基金，使它占总投资组合的比例重新回到 50%，要么可以出售部分股票基金，然后购买更多的债券，使投资组合回到指定的配置。因为股票上涨了 20%，它的价格比较高，所以你可以出售价值大约 15 000 ~ 20 000 美元（差不多）的股票，来购买低价的投资产品，这个例子中是购买更多的债券基金。记住黄金法则六：购买特价投资产品！

在这个例子中，应该问的逻辑问题是："我如何知道何时出售？在我再平衡之前，我的基金需要增值多少？"关于

---

① 译者注：150 000 + 112 500 = 262 500。

再平衡的见解有很多。如果你定期向投资组合中投入新的资金，那么使你的投资组合回到平衡状态，以符合你的资产配置。

如果你没有向投资组合中投入新的资金，那么每6个月检查一次。如果没有比较大的变动，因为指数基金的变动一般比较小，那么让你的“仙人掌”就这么待一段时间。但是，如果指数基金开始向上或向下变动15%～20%，那么是时候开始考虑再平衡了。理想来说，每年再平衡的次数不应该超过一次。

我必须再平衡吗？

不，你**不一定需要**再平衡，特别是当你相信，世界上的钱会越来越多，而且“印刷货币的高潮会让所有的船只都浮起来”时。但是，如果你不进行再平衡，你的投资道路会具有更大的波动性（更多的账面损益）。

假设你拥有一套投资组合，其中70%是债券，30%是股票。一年后，资金结构平衡转变为股票和债券各占50%，因为你的股票指数增值了。如果股票指数“回到平均值”（“出售直到它达到通常交易的水平”在金融领域的称呼），相比你已经进行过再平衡，你的投资组合可能会出现更大的亏损。记住，大部分时候股票和债券不会回到平均值，它们会大大超越平均值，因为人们会恐慌。

指数投资法准则的中心思想是，让你资产配置的风险保持在自己能轻松承受的水平。再平衡的本质是迫使你监控资产配置的状况，不要偏离标准值太远。通过再平衡，你在低点买入，高点出售，那是一件好事。锁定收益或获得一些利润会让你感觉很好。在同等程度上，购买低价投资产品或价格滞后的产品是聪明的做法。

如果你想进行指数投资，但不想承担再平衡的责任，那么你可以去海外投资混合了股票和债券的指数基金，例如先锋韦尔斯利收益基金（VWINX），这只基金混合了高质量债券和支付红利的股票。它支付4.33%的红利（在撰写本书的时候），而且只收取0.22%的管理费。

在为了获得平衡收益的指数投资中，谁获益最大

还记得《虎妈战歌》（*Battle Hymn of the Tiger Mother*）这本书吗？想象一下有一本书名叫《老虎投资者的战歌》（*Battle Hymn of the Tiger Investor*）。好的，现在往相反的方面想，可能是《海牛投资者的战歌》（*Battle Hymn of the Manatee Investor*）？指数投资适合那些想亲身实践投资的人，但是通过一种极简主义的方式——最少的费用、最少量的投资和最少的投资组合思维方式。

· 对于少于50 000美元的投资组合，你可以投资几个指数基金来实现多样化。

· 相比管理一套固定的退休投资组合，它更适合用来创造财富，定期往投资组合中注入新的资金。

· 认为自己的钱应该一直用于投资，而且不想持有大量现金的投资者。

· 从心理上来说，如果你定期向投资组合中注入新的资金，那么将更容易执行这条策略。这是因为，相比出售赚钱的指数基金，你总是可以把那些新基金转换成滞后的指数基金，并且让资产配置重新回到平衡。

从概念上来说，指数投资相对比较简单，但是，操作起来并不是一直这么简单。总是思考长期的情况很难，特别是如果你周围的人正在恐慌。出售赚钱的指数基金，并且购买看上去会下跌和“亏钱”的产品也很难。而且，你不可能知道你的指数基金的绝对市场高点和低点。但是，你进行这类投资的时间越长，就像做其他事情一样，你就越容易对市场有所感觉，并相应地进行再平衡。

为了获得平衡收益的指数投资的缺点

正如之前提过的那样，不存在能一直保证你获得收益的万无一失的投资策略。指数投资也是一样。

2008 年经济危机期间，获得平衡收益的指数投资并不像它应该成为的投资圣杯一样表现良好，因为大部分资产价格都下跌了，包括大部分债券。所以“债券作为一种缓冲”的概念也不像描述的那样奏效。美国国债指数基金表现得很好，因为在危机中每个人都冲向美国国债和美元的安全港。但是，如果你拥有一套以亚洲为中心的投资组合，其中 60%

是亚洲股票，40%是亚洲债券基金或指数基金，那么对于这两种投资产品来说，价格的下跌都快速而严重。①②③ 2008年以来，所有这些“下跌了的”债券基金和交易型开放式指数基金都已经绝地反击，获得了特别高的收益。所以，如果你最担心的是系统性崩盘，那么考虑在亚洲市场之外进行多样化投资。你也可以考虑持有一些现金，然后在其他人害怕的时候勇敢地低价买入。

有教条鼓吹指数投资，以至于它掩盖了这样一个事实：指数基金就像任何资产一样，可能会被严重地错误定价。小心不要购买太多价格处于或接近史上最高点的投资产品。

对于关注收入的投资者来说，指数投资就没那么理想了。指数基金常会支付红利或其他收入，但收益比指数基金追踪的个股或债券低得多。（支付很高收益的指数基金可能正在追踪风险高的投资项目。）

像新加坡这样债券市场很小的国家，可能只有一只被动型指数基金或交易型开放式指数基金，而且量很少（相当少的投资者），所以，请预期一只新加坡政府债券基金会表现得更像一个死水坑而不是波动的海浪。去银行购买个别新加坡政府债券会更容易，完全可以跳过小市场的债券指数

① www. trustnetoffshore. com/Factsheets/Factsheet. aspx? fundCode = FDFY9&univ = E.

② http://sg. finance. yahoo. com/echarts? s = XSB. TO#symbol = xsb. o; range = my; compare = ; indicator = volume; charttype = line; crosshair = on; ohlcvalues = 0; logscale = off; source = undefined.

③ www. nikkoam. com. sg/files/documents/funds/fact_ sheet/abf2_ fs. pdf.

基金。

我们不应该用指数投资来获得平衡的收益吗？不是的，它只是意味着你需要懂得，每种投资策略都有其局限性，这类投资也是一样。如果你害怕系统崩盘和/或需要大量投资当地债券市场，那么这尤其正确，但指数投资是小规模的，而且很难接触到。

别人能为我代劳吗？

正如这里描述的那样，为了获得平衡收益的指数投资是全世界金融顾问已经应用了50多年的一个理论的脱脂拿铁版本。这个理论被称为“现代资产组合理论”（Modern Portfolio Theory，MPT），这个理论被用于创建一套在一定风险程度范围内最大化绝对收益的投资组合。请注意，这是我知道的唯一一件已经有50年历史，但依然被形容为现代的事情。

这条理论最初是为一套以美国为中心的投资组合创建出来的，当时没有考虑到全球金融市场高度相互关联的事实以及我们今天面临的风险。这条理论也基于一条假设，即股票和债券的过往收益和未来收益是相同的，考虑到自从开始应用这条理论，这个世界已经发生了多大的变化，这条假设确实很有问题。

现代资产组合理论的可信性很大程度上也基于一条假设，即股票和债券，和其他资产类别，例如贵重金属、其他商品和房地产信托投资基金一样，倾向于往相反的方向活动。换句话说，当一种资产类别上涨时，另一种就下跌。这假设了，如果你在一种资产类别中亏损了，另一种的获利就可以保护你，并因此基于你的资产配置，获得所有投资的绝对收益。大部分时候，这条理论是对的，但正如 2008 年那样，显而易见的风险是几个资产类别可能会一起逆转，再次跌至历史低点。

红利与红利增长投资——让我看到钱！

尽管对于投资初学者来说，指数投资可能是最简单的投资方法了，但它也满足不了每位投资者的需要。为了与通货膨胀战斗并创造收入流，股票支付的红利是另一种收入来源。固定红利的投资组合不仅会带来季度的、半年的和年收益流，而且如果投资正确的话，随着时间的推移，红利会不断增长，跟上通货膨胀的速度。①

来自红利投资组合的收入也可以相当好地抵御像我们在 2008 年看到的那种经济危机。实际上，在 2008 年，标普 500 指数上的大部分企业都在危机发生期间继续支付红利。有一些企业甚至提高了它们支付的红利。② 主要的失败者是银行

---

① 为了解释这一点，房地产信托投资基金可以被视为一种类似于支付红利的投资项目。正如第 7 章中介绍的那样，它们是房地产信托的投资项目，在证券交易所进行交易。

② 标普 500 指数追踪了股票支付的红利。以下是 2008 年的红利支付记录：－2008 年第 1 季度：93 个增长，7 个削减股息，4 个暂停支付－2008 年底 2 季度：65 个增长，9 个降低，没有暂停支付－2008 年第 3 季度：45 个增长，6 个降低，8 个暂停支付－2008 年第 4 季度：32 个增长，17 个削减股息，10 个暂停支付。

和其他金融机构，其中的许多机构被迫暂停支付红利，并且收到了来自美国政府的金融援助。

重新讨论红利

曾有一段时间，几乎所有的企业都支付红利；几乎没有不支付红利的情况。但是，在过去的30年里，太多投资者纯粹为了资本收益转而投资股票，现在美国证券交易所上市的所有企业中只有19%支付红利。在大多数其他市场，支付红利的比例更小。

红利是支付给股东的来自企业利润的现金。所以，当一家企业赚得利润，其中一些被用于再投资，所以企业可以发展，其他的利润就作为红利被支付给股东。许多人把支付红利的股票和发展很慢或没有发展的企业联系在一起，比如公共事业，这是一种误解。

支付红利的股票之间存在巨大的差异。有一些企业被认为是更稳定的红利支付者，它们的收益也更高，例如许多公共事业或房地产信托投资基金。有许多大型的跨国企业正在全球发展它们的事业，结果就是，它们每年都会增长自己支付的红利。正在发展的领域中也有许多中等规模的企业，例如医药和IT，它们获得了足够的利润可以用于再投资和支付小额的红利。

红利收益率

正如第6章中提到的那样，收益率基本上是根据你持有的资产为你带来的任何定期收入进行衡量的。对于房产来说，你的收益率就是基于房租的收入；对于债券来说，就是借款的利息。对于股票来说，支付的红利是收益率的基础。例如，如果每股的年红利是1.25美元，股票交易价格是25美元，你的红利收益率就是$1.25÷$25=5%。随着股票价格上涨，收益率会下降（除非企业提高它的红利）。随着股票价格下跌，收益率会上升。

对于支付红利的企业，作为它的股东，你将为自己拥有的每一股股票收到一份红利。假设你拥有1 000股，每股的年红利是1.25美元，那么仅仅持有这些股票，你就可以收到1 250美元（1 000×1.25）的收入。你可能会一年收到一次，但许多分红股票会每个季度或每半年就支付一次。还记得第6章中阐述的金钱的时间价值这一部分内容吗？你收到红利越快、越频繁，就越好！

寻求**稳定收入流**的投资者倾向于投资“孤寡”股。投资者常会充满信心地持有这类投资，因为它们拥有向受益人支付可靠收入流的历史。这些股票通常是公共事业企业或蓝筹股企业。

但是，寻求**增长收入流**的投资者更喜欢红利增长型股票。红利增长型企业通常拥有一条红利政策，即每年增长它们支付的红利。所以，初始收益率可能很低，有时候低于1%，但收益率可能每年上升3%～8%。对于许多投资者来说，常会将可靠分红股票和红利增长型股票结合起来，组成一个红利投资组合。

红利增长——它是如何运作的?

红利和债券利息的不同之处是，债券利息是固定的，所以它被称为“固定收入”。公寓的房租收入也是一样，至少在租期内是一样的。如果在接下来的几年里，通货膨胀率上升了，你将被困在债券和租赁合同所规定的支付金额中。

正如我之前提过的那样，关于个股很棒的一点是，**许多大型跨国企业每年会把红利增加3%～8%或更多**，来跟上通货膨胀的速度。这就是它的运作方式：如果你购买了一家企业的股票，当年支付每股1.25美元的年红利，但之后的每一年它的红利会增长3%，那么在8年的时间里，他们需要为1 000股支付的红利如下：

年	年红利	赚得收入 $
1	1.28	1 287.50
2	1.32	1 326.12
3	1.36	1 365.900
4	1.40	1 406.88
5	1.44	1 449
6	1.49	1 492.56
7	1.53	1 537
8	1.58	1 583

所以，不论股票价格或市场波动如何，你收到的红利一直在增长。

一些企业增长红利的时间已经有25年了，它们获得了分红贵族的称号。它们都是总部在美国的跨国企业①，而且其中的一些，例如艾默生，红利增长已经超过50年。还有一些跨国企业的股票被称为分红成就者，它们处于一个稍微没那么有名的类别，其红利增长历史只有10年。②

这些增长的红利流非常吸引世界上一些大型信托机构和养老基金的经理人。这些经理人正在寻找稳定和增长的收入流，以跟上通货膨胀的速度，所以一整个类别的企业调整自己的红利政策以让投资者高兴。

需要注意的很重要的一点是，寻找增长红利的投资者不一定是在寻找收益率最高的红利。这是旧式红利和增长型红利之间的一个很重要的区别。红利增长型企业倾向于支付比公共事业企业或更高红利收益率支付者低一些的红利。

在新加坡和中国香港的证券交易所可以购买世界上的许多分红贵族。总部在亚洲的企业也会支付红利，但它们无法像来自美国、加拿大、英国和澳大利亚的企业一样承诺能够不断地增加红利。因此，如果你想进行红利投资，或只是想尝试一下，你需要在网络上做一些调查，看看哪些公司拥有最棒的红利支付历史。

亚洲有非常活跃的红利投资者，他们担心通货膨胀，而且被增长型红利的概念所吸引。以下就是一个有用的网站，追踪了

---

① www.buyupside.com/dividendaristocrats/displayalldividendaristocrats.php.

② www.buyupside.com/dividendachievers/achieversintmainaz.php.

亚洲企业的红利历史——http：//sg. dividendinvestor. com/（每个国家有一个独立的页面）。到目前为止我找到的最有用的网站是，www. buyupside. com/dividends/dividendchampionsaz. php，可以了解美国的和其他国际股票的情况。

再投资红利——睡美人收益

如果你不需要使用红利的收入，而是将这些红利进行再投资，那么你将创造如天赐般的复利收益。通过再投资，你基本上要用企业给你的红利购买更多的股份。这使得你在一段时间内不需要再投资一分钱，就系统地增加了一只股票的投资组合仓位。

所以，如果你不需要使用红利收入，那么你可以通过购买和持有分红股票以及红利增长型股票来积累许多额外的股份，这就是睡美人投资法，因为你在睡觉的时候都在赚钱。以下表格假设你持有1 000股某企业股票，每股红利1.25美元，并对这项投资进行了保守的估计，10年的时间内，股票价值只增长了2%，红利每年增长3%。

	红利未再投资	红利再投资
总价值	$45 234.61	$50 968.41
股数	1 000	1 672.47
支付的红利	$14 759.75	$18 963.01
年收益率	6.11%	7.38%

你曾出售过你的红利投资组合吗？

尽管这个投资组合的目标是面向购买、持有和赚取收入，但价格依然很重要，即使是对于红利增长型资产来说也是如此。所以，有适合买入的时机，也有适合考虑出售的时机。但是，买入和出售之间可能间隔几年的时间（或几十年）。红利型和红利增长型投资者会因为以下原因出售红利投资项目：他们相信红利不会继续增长，或可能因为某些原因暂停发放，而且/或他们已经找到了比目前投资项目更好的投资机会。

而且，许多持有红利投资组合的人会偶尔进行再平衡。他们会出售一部分“赚钱的”股票，这些股票在这些年里已经大幅上涨，然后购买更多投资组合中的落后股票，甚至买入新的价值被低估的股票。这样做以后，投资组合中的一个股票仓位就不会有太大的风险。通过再平衡，你可以买入更多没那么受欢迎的落后股票，通过出售赚钱的股票回笼一些资金。

如何做——这就像是经营一家 7 – 11 便利店

拥有一套像分红股票那样关注收入的投资组合有点像是拥有一家 7 – 11 便利店。如果你拥有一家 7 – 11 便利店，你会在库存中加入像汽水、香烟、阿司匹林、杂志、体香剂、牙膏和罐头汤那样的商品来创造许多收入流。一家 7 – 11 便利店的拥有者会选择最可靠和最合适的商品来创造持续和增长的收入流。一旦一家 7－11 便利店开业了，它几乎可以自己运营下去。

指数投资中涉及的工作是正确进行资产配置，然后观察你的投资组合，找到再平衡的最佳时机，红利投资中涉及的工作需要在建立投资组合之前完成。你需要做多得多的前期工作，好让自己能在好几年里放着这个投资组合不管。

大部分红利投资组合拥有 20～30 只股票，它们属于不同的领域，即能源、工业、消费者日常用品等，以及不同的地域（美国、加拿大、亚洲、澳大利亚等）。因此，你需要熟悉雅虎金融和其他本书中提过的网络资源。如果你真的走这条投资道路，你也必须阅读有关红利投资的书籍，其中一些我列在 369～376 页上的“资源”中。

以下是一些小贴士，即当你考虑创建一套红利型或红利增长型股票投资组合时应该注意的问题：

· 红利通常是用现金支付。你需要确保自己正在考虑的企业拥有现金，而且正在从它的业务中赚取现金。你不会想考虑一家只能用债务支付或增长红利的企业。

· 同样的，如果一家企业似乎公布赚取了收益，但红利没有增长，这就是一个危险信号，应该避免购买这只股票。

· 一些红利支付者比其他人更可靠。如果你需要一股持续的收入流，那么你就需要考虑这家企业的红利支付历史，以及根据它的商业前景，它可以持续支付给你红利的可能性。

做一些调查，找到至少15~20家使你可以依靠其生活，而且可以好几年不管的当地和国际企业。彭博网站在每只股票的关键数据中列出了其红利增长率，例如以下的必和必拓公司（BHP）（用灰色字显示）：①

必和必拓公司的关键数据

市场价值（M美元）	160 053.97
流通在外股票（M）	1 605.85
30天平均交易量	2 674 277
红利显示的毛收益率	3.56%
现金红利（美元）	1.1400
上一次发放红利	03/06/2013
5年红利增长率	15.28%

增长的红利通常是个股投资组合的领域。但是，如果你不想挑选个股，你可以选择追踪红利型企业和红利增长型企业的指数基金，例如先锋红利增长基金（VDIGX）或标准普尔预托证券红利交易型开放式指数基金（SDY），后者似乎更紧密地追踪分红贵族。另外两个是先锋红利增值交易型开放式指数基金（VIG）和先锋高红利收益率交易型开放式指数基金（VYM）。相比购买个股，你的收益率会更低，获得的收入会更少。

选择财务稳定的企业，而不是“热门股”。在新加坡，

① 只用作说明。

最稳定的企业最可能是淡马锡关联公司[①]。在中国香港，人们可能会趋向于金融或房地产领域，但如果你也这么做，那么在经济低迷期你将无法实现多样化投资。考虑满足日常需要的企业，即食物、交通、电力、汽油等。许多这种企业拥有类似于垄断的优势（即没有竞争！），在经济困难时期，这种优势将促使他们能够持续支付红利。

找到每月、每季度或至少每半年支付红利的企业。房地产信托投资基金每月或每季度支付，而美国股票倾向于每季度支付。许多总部在亚洲的企业每半年或每年支付它们的红利。回顾一下第6章的复利规则，越快拿到你的钱越好。

找到不处于或接近历史高点交易的企业。一些人甚至不会购买接近52周高点（当年高点）的投资项目。这一点特别重要，因为随着人们对收入的需要已经被唤醒，分红股票已经再次成为一种趋势。所以总是寻找那些在市场上不受青睐的良好的可靠红利支付者。

找到能从自己的业务中持续创造现金流的企业。如果你担心系统性崩盘，以及一家企业在经济困难时期持续增长和支付红利的能力，那么这一点就尤其重要。

除了房地产信托投资基金和一些公共事业股票，找到红利发放率为60%或更低的企业。像彭博和雅虎金融这样的网站会在关键数据下面列出红利发放率。星巴克的红利发放率

① 译者注：简称淡联公司。

用灰色字显示：①

红利 & 股票分拆

预测年度红利率 4	0.84
预测年度红利收益率 4	1.50%
历史年度红利率（这里原文意思是红利收益率，和下一条重复，这里根据上文进行调整，改为红利率——译者注）3	0.76
历史年度红利收益率 3	1.30%
5 年平均红利收益率 4	N/A
红利发放率 4	39.00%
红利发放日期 3	2013 年 2 月 21 日
上一次红利发放日期 4	2013 年 2 月 5 日
上一次分拆因素（新/旧）2	2:1
上一次分拆日期 3	Oct 24, 2005

如果你不需要使用红利收入，那么就把这笔钱用于再投资，这是投资的睡美人法，即在你睡觉的时候都赚钱。

许多高收益率的股票会支付不可持续的红利。了解持续支付红利的企业和削减红利后破产的企业之间的区别很重要。诺基亚在开始迅速失去市场份额和现金储备之前一直是个红利宝贝，而后，这家公司无限期地暂停发放红利。

最后一条建议是，不要认为任何投资项目都值得保留，而且绝对必须持有到死亡将你们分离。把你的情感和心理依

① 只用作说明。

恋留给人、宠物和兴趣，不要留给任何一家企业（除非你是这家企业的 CEO）。

一套红利投资组合是什么样的?

这里，我将分享一套两位个人投资者组合在一起的投资组合。他们的投资期是 10 年，他们的任务很简单，找到最多 10 只股票，一半是可靠的类似公共事业的股票，一半是国际企业的股票。这些股票中有一只可以是投机式投资。除投机式投资之外的所有投资需要支付红利，但不必全部都是红利增长型股票。

其中一半的股票是在他们的祖国上市，另一半在海外上市，而且他们可以持有 10% 的现金。（根据记录，一般的红利投资组合应该包含 20 项投资，每个仓位不多于 5%，即任何一只股票占总投资的比例不超过 5%。）他们只能选择自己了解和使用过其产品的企业。他们也需要了解自己为什么对投资那些企业感兴趣有一个概念，并且“拥有它”。

许多红利投资组合没有投资期。这一套投资组合有投资期，因为，尽管投资者想持有投资组合超过 10 年的时间，但他们想专门学习如何投资获得收入。我也会建议他们，在经济波动、利率非常低的时期，只要分红股票持续分给投资者红利，那么投资这类股票就是有意义的。

股票	区域	股数	占投资组合的比例	红利收入	收益率/亏损率	年化收益率	初始投资（美元）	最近一年的收益(美元)
核心								
温迪国际快餐	北美							
微软	北美							
好市多	北美							
星巴克	北美							
新加坡电信	新加坡	103	10.00%	335.93	19.34%	0.0849	2500.00	2983.50
荷兰皇家壳牌	英国	33	10.00%	226.61	1.03%	0.0084	2500.00	2525.75
加拿大贝尔公司	加拿大	67	10.00%	290.77	29.78%	0.128	2500.00	3244.50
港灯	中国香港	371	10.00%	185.10	41.32%	0.1776	2500.00	3533.00
投机:短期投资 2 年以内								
苹果			10.00%		87.46%	0.376	2500.00	4686.50
总投资组合			90.00%				2500.00	2500.00
现金			10.00%				25000.00	33170.25
总额			100.00%	1439.67				
总收益(红利+)未变现资本利得								38%

这套投资组合的初始资金是25 000美元，从2011年4月5日到2013年4月6日，两年内赚得了38%的收益。年化总收益率大约是17%。在考虑了通货膨胀的影响后，每年的总收益率大约是15%，这取决于你相信谁的通货膨胀数字。这些投资者把获得的红利用于再投资，但我已经在红利收入栏下列出了这个投资组合的实际现金收入。

这套投资组合一年大约可以赚取715美元收入，或者说他们原始投资的2.8%，这个数目比投资者预期获得的收益少。尽管投资组合每年的资本收益都比上一年要高，但它的表现不如预期的好。所以，投资组合拥有者需要做一些工作，以获得更多收入，或至少确保他们一半的选择将带来越来越多的红利。

当我向人们展示这套投资组合时，他们要不就是很惊讶，要不就是说这两位投资者非常幸运，因为他们的年化收益率大幅超越了大部分专业基金经理。我猜想这里确实有运气的成分，那么就让我们谈一谈运气。如果他们选择了麦当劳而非温迪国际快餐，埃克森美孚而非荷兰皇家壳牌，沃尔玛而非好市多，那么人们会认为他们更加幸运，他们会获得更多收入和更大的资本收益。

如果你在2011年夏天，即他们投资的3个月后，看到这套投资组合，因为欧洲的经济危机，这套投资组合下降了大约15%～20%。你可能会说他们运气不好。但是，如果他们在2011年夏天买入这套投资组合，他们将取得更多的收益，更加幸运。试想一下如果他们在2009年买入！也就是说，运气是一个相对的东西。

你需要注意，不要过于注重投资的运气。根据一套投资组合创建时的目的来评判它要好得多。到夏天的时候，它可能下跌了50%，到明年的时候，它可能上涨了50%。谁知道呢？谁在乎呢？对于这两位投资者来说，总之他们是在尝试投资获得收入。

未来会变怎样

从这套投资组合的建立已经过去了两年，这意味着现在这两位投资者的投资期缩减到了8年。这是一套固定的投资组合，没有新的资金加入进去，所以这两位投资者开始更谨慎地思考。在2013年4月10日，他们用星巴克和好市多赚得的一些利润买入了更多不受欢迎的股票，微软、温迪国际快餐和荷兰皇家壳牌，因为他们喜欢大量的分红（超过3%）。

当他们寻找另一项投资时，剩余的钱将以现金的形式存在。如果你不确定投资什么，持有一些现金也没什么不好。在这里或那里失去一些红利要比仅仅因为觉得应该投资而投资要好。

如果你想继续把这个故事看下去，你可以在一个名为TeenInvest（www. teenvesting. weebly. com）的网站上看到这两位投资者的情况。这两位业余投资者是我的孩子，在撰写这本书的时候，他们分别是 11 岁和 13 岁。他们在 9 岁和 11 岁的时候选择了这套投资组合的仓位，当时我应他们的要求把他们大学储蓄金的一部分给他们用于投资。

他们使用了我在上面提供的参数，这套投资组合是在 2 个小时的讨论和调查后选定的。我挑选的唯一一只股票是加拿大的那只（我尝试引导他们选择沃尔玛和麦当劳，但是不奏效），他们基本上选择了自己知道和使用过其产品的品牌。我不会只买你知道的股票，但这是开始理解企业和它们增长前景的一种方法。

他们将在 8 年的时间里，用这套投资组合获得一些收入供大学时使用，所以，如果他们可以用收益率保持一定水平或持续增长的高品质股票构建一套投资组合，那么他们将获得一些零花钱。如果他们长期持有这套投资组合，他们将会有一段非常非常长的投资期，这意味着他们可以从一场大危机中恢复过来，每个人都会做到这一点。

我们从这里学到的是，大部分投资组合的管理和调整有关，而不是像一位当日交易者那样购入和出售，给你的投资组合做一场部分脑神经切除手术。这次练习教给他们的，而且我希望你学到的是，你必须从小额投资开始，慢慢起步，但是必须开始去做。

红利和红利增长型投资组合的缺点

红利投资者面对的风险不是其他投资者通常面对的那

种，即资产价格暂时或甚至剧烈下跌。实际上，大部分红利投资者把一次回调称为“特卖”。如果他们把自己的红利用于再投资，他们就以更便宜的价格积累了更多股票！红利投资者们很爱特卖。

任何事情，甚至外部的事情（一家对冲基金破产，恐怖活动，市场出了问题，恐慌等），都可能让市场崩溃。只要你能够赚取收入，价格的波动就不重要。红利和红利增长型投资的风险是市场更不确定，企业更加确定：

· 选择个股的主要风险是，如果你选择投资的企业破产了，那么你就会损失全部的投资。如果你投资的是分红贵族，那么发生这种事情的可能性相当低，但依然无法保证。许多紧张的股票投资者在2008年经济危机期间目睹了金融股票蒙受巨大损失，红利无限期暂停发放。在墨西哥湾灾难中英国石油公司（BP）遇到了同样的情况，但这要不可预测得多。大部分企业恢复了正常经营，而且再次开始支付红利，暂停获得收入正是红利投资者想要避免的事情。

· 企业可能会因为其他原因削减或停止增长红利。历史悠久而可靠的卡夫食品（Kraft）停止增长其红利是因为它需要现金在2010年收购吉百利（Cadbury）。增长红利的企业倾向于有组织地或通过战略性收购发展，而不是购买相同或更大规模的企业。

· 企业可能会稀释你的股票，意思是它们会发行越来越多的股票。这不是一家公司正在支付可持续红利的标志。管理更好的企业会回购它们的股票，让股票离开市场，因此就会增加你手中股票的价值。

· 对于许多投资者来说，采取收入第一的方法很难，特别是那些曾经只把资本收益作为投资“感觉很好的因素”的投资者。

· 即使是一套高质量分红股票投资组合也可能会被错误地定价，并在一段时间内被抛售，结果就是你在几年里的投资结果是账面损失。或者是，投资组合可能会在股市暴跌时受到影响。这不意味着企业会完全停止支付红利，但账面损失可能在一段时间内会不太好看。

这些风险意味着你不应该购买分红股票吗？不是的，就像指数投资一样，你需要理解这种策略的局限性和风险。我认为，红利投资中最大的风险就是你——投资者。因为你是挑选股票的那个人，你需要针对你的投资做一些功课。而且，如果分红股票被抛售或是在一场系统性经济危机中受到影响，你必须准备好看着你的投资组合价值下跌。可以学到的是：不要在一年里为了收入构建投资组合，然后在下一年里为绝对收益烦恼！

如果你得时常检查你的投资组合，而且会对短期回调感到生气、后悔和羞愧，那么这类投资也不适合你。许多经验不够丰富的投资者很难接受任何类型的账面损失，而且用一种不健康的方式内化这些感觉。红利投资者需要采取一种相当具有禅意的投资方法，学着在投资过程中把一些收益变现，然后非常迅速地从回调开始继续前进。

有什么能保护这套投资组合吗?

职业经理人常常试着用衍生工具来保护长期的股票投资组合。**如果你是一位投资初学者，不要涉猎衍生工具**。取而代之的，你可以做以下两件事中的一件。重新思考你的资产配置，如果你认为债券可以保护你的股票损失，那么就在股票配置中持有分红股票，在债券配置中持有企业债券。另外，如果债券让你感到紧张，或在你的市场中不可以购买，那么就持有现金。

谁从红利和红利增长型投资中获利最多?

我想说，答案很简单，就是“任何需要收入的人”，但这只有部分正确。红利投资组合最大的受益人一定对投资真正感兴趣，他们拥有有条不紊的、而不是冲动的习惯，他们理解这个概念，而且他们懂得如何保持耐心。就像学习其他大部分事情一样，学习投资需要遵循一条学习曲线，所以，如果你没有时间或意向去反复试错，那么这就不适合你。

大部分个股投资组合拥有 20 ~ 25 只个股。因此，如果红利和红利增长型投资的投资金额达到 200 000 美元或更多时，就更容易处理或“购买”。显然，你可以投资的钱越多，随着时间的推移你将获得的收益流也会越大，特别是如果你可以将红利进行再投资，然后让你的投资在 10 年或更久的时间里产生复利。那么，当你到退休年龄时，你就可以把红利收入当作现金流使用。

别人能为我代劳吗?

我已经对这两种方法哪一种更好进行了冗长乏味的讨论，这就像是把苹果和小小的毛茸茸的宠物进行比较。主要构建以亚洲为中心的投资组合的亚洲投资顾问倾向于避开红利投资，或集中关注收入的投资组合管理方法，因为相比基金，投资私人企业或债券的风险更大。而且，亚洲企业不像美国、英国、澳大利亚和加拿大企业那样拥有支付红利的历史，所以，对于某个只想投资亚洲股票的人来说，这种方法就不太理想了。

投资顾问是一桩必须降低其风险的生意。大部分顾问，即使是大型银行的，也不会拥有经验或愿意推荐你购买除基金以外的任何产品。许多顾问不熟悉将季度红利进行再投资，在数年内增长和产生复利的情况。在更广阔的市场购买投资产品并且使用平衡收益法更加有效，因为这更容易解释，而且在长期看来收益已经足够好了。

零星的想法：指数和红利投资组合

指数投资用指数基金和交易型开放式指数基金来创造投资组合的构建模块，而红利投资者考虑私人企业和他们支付可持续或增长的红利收入流的能力。这是两种极其不同的投资方法，两种投资方法的目的也非常不同，因此，在选择其中一种投资方法之前，你需要知道自己的目标和局限性。

如果你不想感觉自己比其他投资者的表现差，那就找其他的方法赚取更多的收入，因为指数投资可能更适合你。指数投资也更适合投资期非常具体的投资者。当你抵达这条终点线时，你就开始将投资组合变现以满足自己的需要。

如果你在退休后需要使用指数投资基金中的资金，那么在大多数情况下，你通常每年将需要削减，或出售基金的3% ~4% 来满足你退休后的现金流需要。当你到退休年龄时，最低限度地，你需要每年继续赚3% ~4% 的总收益，以保存这只基金中的资本，如果你考虑通货膨胀的因素，或许随着时间的推移，你将用完这笔资金。只要你可以平衡你的现金需求，你获得自己所需收益的能力，以及你正在缩水的账户余额，那就没问题。

对于红利或红利增长型投资者来说，通常不存在终点线或目标。理想来说，红利投资者不需要出售投资组合中的任何项目来为退休后的生活提供资金，他们会把红利收入的一部分变现作为他们的现金流。这些投资组合拥有者想把这家7－11 便利店（他们的投资组合）传给他们的继承者，同时依靠它带来的收入生活。

投资者对风险管理和收益的态度也不同。总收益指数投资者相信，债券总是可以在经济危机中保住他们的资金，而收入投资者只是希望他们的投资能在市场景气和不景气时持续带给他们资金。类似的，红利增长型投资者相信，相比持有一套再平衡过的不同资产类别的投资组合，如果他们能将投资组合多样化，并且持有足够长的时间，那么最终增长红利的企业会为他们提供最好的总收益。

指数和红利投资的风险

对这两种投资类型来说，存在一些你需要注意的特别的风险，即税收风险和货币风险。

税收风险

对于在新加坡、中国香港、英国和许多其他司法管辖区之外支付或进行的**任何投资（指数基金、股票、主动型管理基金等）**，你将需要为任何收入支付不同比率的税金，但你不一定需要为资本收益支付税金。收入的税率在不同的司法管辖区从10%到超过30%各不相同。当你出售金融资产时，通常不会对你的资本收益征税，只会对你的收入征税。

货币风险

任何不以你本国货币交易的投资都需要承担货币风险。举例来说，如果你用美元进行了一项投资，你就应该注意美元兑换成你本国货币是增值还是贬值。如果在投资时间段内，美元兑换成你本国货币贬值了5%，那么在美国股票市场获得5%的收益就没有意义了。但是，如果你在美国股票市场获得5%的收益，同时美元兑换成你本国货币升值了5%，你就获得了10%的收益。

我曾经见过新加坡人在伦敦购买房产时对价格上涨20%感到惊讶，但是，与此同时，英镑对新加坡元贬值了20%。所以，不论资产是什么，现金、股票、债券或是房产，你都需要注意货币风险。

汇率波动也可能让你获益。如果你在经济危机之前购买了支付红利的美国股票，然后你的货币对美元贬值了25%～40%（就像大部分货币那样），那么当你将美元收入转换成本国货币时，你将获得多得多的收入。汇率波动可能伤害你，也可能让你获益。这不是一条单行道。

结论

基本上，所有的投资和每一种投资策略都有风险。当人们撰写关于投资的内容时，或当某人向你销售一个投资观点时，你可能感觉他（她）正在向你提出一种绝对可靠的投资策略。尽管这种观点能让投资书大卖，而且能为整体金融行业创造大笔收入，但它与一条事实不符，那就是大部分现代金融理论是基于过去的，即“历史平均值”和“历史收益”，不能保证未来的收益。学习投资真的没有比亲身实践更好的办法。

第9章

如何利用财务顾问

我每天会带着我的哈巴狗克洛弗（Clover）到我家附近的一个狗狗公园散步。她4个月大的时候，遇到了一只体型庞大的洛特威勒犬黛西（Daisy），黛西成了克洛弗的主要玩伴。散步期间，我逐渐认识了黛西的主人，他们是一对四十多岁的可爱的职业夫妻，已经在新加坡生活了将近3年时间。认识了几个星期之后，他们问我的工作是什么，我回答说："我是一名理财规划师。"

就好像是我告诉他们我感染了非典病毒一样，他们的脸色变得刷白，然后开始远离我，嘴里咕哝着什么，黛西竟然也吠叫了几声。幸亏他们没有把她的口笼①取下来。幸运的是，我向他们解释了理财规划师是做什么的，而且让他们开

① 译者注：口笼指套在动物的鼻口部以防止其咬和吃的一种皮质或者金属丝制成的限制装置。

口回答了我的一些问题。对话如下：

我：我正在写一本帮助个人投资者的书。你可以告诉我发生了什么吗？

黛西的主人：2007 年，我们刚来到新加坡的时候，想投资这里（亚洲）的市场，因为市场走势那么好，但我们损失了太多的钱。

我：你和哪种人一起工作？一位财务顾问？一位注册理财规划师？

黛西的主人：我不知道。是一个什么规划师和投资顾问。我把名片扔掉了，只记得他是 XYZ 集团的。

我：你是怎么开始和他们见面的？

黛西的主人：我的一个同事和他们一起投资。因为我每周会接到很多集团打来的电话，所以我最终选择了同事推荐的这个集团。

我：我可以问一问，他们是为你制订了一份财务计划，还是和你一起制作了一份投资政策说明书？

黛西的主人：我不记得了。但是我确实知道，按照这个计划投资后，我就摆脱不掉它了，我们的资产损失了 60%。我甚至再也没法去看这些说明。

我可以说，10 个人中有 8 个人曾经和理财行业有过近距离接触，有些对结果不满意的人曾经对我说过类似的事。他们想投资，所以接受了一位朋友（或丈夫）的建议，签了一大堆协议，然后损失了很多钱，却不知道为什么。而且，最糟糕的情况是，他们被困在某个财务计划中无法脱身，无法拯救自己。你也可能被你前夫选择的一位咨询师或身为他好朋友的咨询师缠住，你不知道自己为什么要和这个顾问一起投资，也不知道实际上是谁在管理这些钱。

“孤儿”投保人

蓝石咨询公司（Bluerock Consulting）的研究显示，大约有1 000万“孤儿”投保人，他们持有人寿和退休金公司的投资产品，但不再和出售给他们产品的顾问有任何关系。但是，这些投保人却依然向这些不再关注他们投资产品的顾问支付佣金。这些费用可能很高。大部分投资产品每年会向顾问支付所投资金额的约0.5%，作为尾随佣金（尽管百分比费用可能更高）。①

所以，这是谁的错？我不站在任何人一边。我知道顾问、银行工作人员和经纪人可能会利用客户，而客户在选择顾问时常常不会问他们足够多的问题，也做不到拥有充分的自我意识。人们对此这么无知，这是社会的错，没有在中等教育阶段教授他们基本的理财素养和财务规划知识。

让我们了解一下基本知识，那样如果你决定要借助中介机构的力量，你就会对财务问题有一个清晰的概览，并且知道应该问哪些问题。

---

① 译者注：没有查到名字，暂这么翻译。www. telegraph. co. uk/finance/personalfinance/investing/9232113/Investors? pay – IFAs – millions – for – doing – nothing. html.

理财没有免费的午餐

所有专业的知识都有一个连续统一体，从教授历史到牙医，到法律，理财也是一样。我遇到过的自满的教师和刚刚能胜任的律师，和我遇到过的有问题的投资顾问一样多。个人来说，我发现一位糟糕的教师和一位糟糕的顾问一样令人讨厌。

在过去几十年里，理财产品的巨大改变以及激励机制发生的巨大变化，让理财领域受到了许多应得的批评。曾经，理财机构通过简单、透明的方法赚钱，例如借贷。但如今，银行、人寿保险公司和财务顾问被激励去销售能让自己和自己的公司，而不一定是让客户赚到最多钱的投资产品、服务和保单。

人们在理财方面取得成功的原因，通常和他们在任何盈利生意中取得成功的原因相同，那就是他们开发了广大的客户群，然后向客户群销售一系列高利润的产品和服务。这会为他们的公司，即银行、人寿保险公司、经纪人或独立咨询服务，创造收入流。许多与客户紧密联系的理财专业人士因为他们的人脉被雇用，而且公司给他们定了销售目标，就像任何盈利企业的代表一样。

所以，虽然你可能拥有20年的长期投资经验，但你的银行家或顾问可能正在努力达到当月的销售目标，或当年的奖金目标。这是否意味着你的私人银行家、投资顾问、账户经理、理财规划师、理财专家（头衔可以是无穷无尽的）和你有潜在的利益冲突呢？是的，绝对如此。这是否意味着理财领域的每个人都是为了榨取你的财富？不，当然不是。但这确实意味着不存在免费的午餐。

如果你雇用顾问，他们将为你提供服务，而你将以顾问费或佣金的形式付款，有时候两者都要。我相信人们一般理解这一点，不过盛行于亚洲市场的失望情绪似乎是从以下问题中产生的：

投资者的监狱。人们被说服购买了签合同的保险“投资”产品或“储蓄”计划，这些投资产品通过规定大量的罚金来限制投资者摆脱这些产品和把钱取出来的能力。当客户遭遇严重的损失时，他们想改变策略，但是，唉，他们必须在数年里（如果不是数十年）一直往这些计划里投钱。（阅读第8章的“分析你的遗留政策：投资者的监狱”这一部分内容，来了解如何处理这个问题。）

六十度灰。顾问费和佣金缺乏透明度会增加利益冲突的可能性。

谁在关注投资组合？你并不一定清楚自己在为谁的“专业知识”付钱，以及你能从那些专业知识中获取多少价值。

锱铢必较。考虑到我们正在考察真实收益，隐藏的费用和佣金可能会非常多，以致你的投资组合的收益变得非常少。

亚洲的这个行业正在缓慢改变，因为监管者已经发现了这些矛盾。而且，亚洲最富有的家庭开始抛弃他们的私人银行家，取而代之创建了家庭理财室，基本上雇用和付款给他们自己的专业投资团队，他们只维护家庭成员的利益。

对于我们中的其他人来说，需要知道我们想要什么，我们的目标是什么，以有效地利用理财专家。没有人需要为内嵌指甲做一例心脏手术。所以，如果你只需要某个人为你撰写一份财务计划，为什么要让自己的资金被锁定在一份15年的储蓄计划中，而且如果提前取出，一般还需要支付罚金？如果你只需要从投资组合中获得一些现金流，为什么要把所有钱交给一家人寿保险公司去购买一份年金保险？这就像为什么了解自己真的想要和需要什么那么重要。

在其他监管环境中这是如何做的

许多国家的法律会区分被信托人，某个在法律上有责任给予你公正建议的人，以及一位仅仅促成理财产品销售的销售人员。像美国和英国这样的国家也要求销售理财产品的人公开他们的佣金。而且如果他们不公开，可能会失去执照。在一个能清晰辨别被信托人和销售代表的环境中，很容易挑选到最符合你理财需要的专业人士。

亚洲依然以佣金为中心，而且费用很贵

但是，在亚洲有策略地利用投资专家要困难得多。真正独立的、遵守执照限制的投资经理很少，纯粹的财务计划更

少，尽管确实存在。亚洲客户也更不理解“付款获得建议”的概念，就像你需要付款给律师或会计师以获得他们的服务一样。那就是为什么大部分理财从业者别无选择，只能为一家公司或一个大型机构工作，例如一家银行，或一家人寿保险公司，这种公司会根据他们构建管理资产（Assets Under Management，AUM）的能力来评价他们，这些资产会带来常规收费或高昂的佣金。

亚洲有许多很有职业道德的理财从业者，他们理解这些矛盾。而且，有许多财务顾问有意规避了利益冲突。事实上，这常常是他们的竞争优势！但是，唉，我们不是生活在一个完美的世界里。所以，准备好花一些时间在亚洲寻找适合的顾问。让我们首先了解一下获得客户的过程，因为如今亚洲的大部分城市都存在这种情况。

顾问如何“勾搭”上你

以独立理财顾问（IFA）为例。你最有可能接到某个人的意外来电，希望你拜访他们公司并且和“他们的人”交谈，或者你将听从某个人的推荐，拜访一位独立理财顾问。第一次见面的时候，这位顾问会问你的需要是什么，然后在某一时刻，他会让你填写一份非正式的资产负债表和现金流转表。这些表格将告诉这位顾问，你赚多少钱以及你拥有多少可以自由投资的钱。如果这位顾问认为你是可发展的客户，那么在某个阶段，他会要求你填写一份投资者风险概况调查，以此来评估你的风险承受能力。

然后，在另一次会面中，或可能在同一次会面中，他将会向你提出一个投资观点，一种投资组合策略或一种投资方法，至少在理论上，这些观点是基于他们认为自己可以如何最佳地用你的钱投资。或者，这就是它的呈现方式。在这个阶段，你是开心的；你还没有花任何钱，你已经喝了几杯咖啡，而且一切似乎都不错，对吗？你正在跨越投资的第一个障碍，而且已经完成了一些基础分析和资产配置，这“都是免费的！”。

一旦你决定进行投资，根据你处于哪个城市，你的顾问可能需要对你做一些尽职调查①，主要是为了确定你不是一名恐怖分子或正在走私毒品或军火。他也可能基于你向他透露的信息，向你提供一些关于你目前财务状况的分析。这些分析可能非常详细，也可能非常简单，这完全取决于这位顾问。如果你同意进行投资，你需要签署一大堆文件来确认你的投资。而且，是在虚线上签上名字后你才开始付钱。

在做某一项投资时，你可能感觉自己什么钱还没付，就已收到了计划或投资协议期内的佣金的账单。这在“投资者监狱”计划中很常见。如果你可以逃脱佣金陷阱，对方很可能向你收取初始投资金额的0.5%～1%的创立费，初始投资

① 译者注：尽职调查指对可能进行投资的调查或审核。尽职调查旨在确证销售项目牵涉的所有重要事实；一般而言，尽职调查指一名合理人士在签订协议或与另一名人士交易前应采取的调查行为。

金额会有一个最高值，50 万～100 万美元是常见的限额。

创立费可能意味着许多事情，这取决于你在和谁一起投资。它可能意味着工作人员创建你的投资组合所付出的劳动；它可能是一笔佣金；它可能表示这位独立理财顾问确实做了一些分析，而且你获得了类似于一份迷你财务计划的东西；它甚至可能代表着这所有的事情。

如果你没有购买一份投资者的监狱计划，那么你也将被收取一份年度管理基金费，通常在 1% 左右，在 4 个季度分期支付。这是我在第 7 章中提到的基金费用以外的费用。所有这些费用相加起来，一起从你的投资组合中扣除，这常被称为你的**总费用比率**。

除非你问他们，否则大部分顾问不会主动告诉你他们的总费用比率，有些人可能甚至不知道这些比率。一些顾问会更加努力，在试着做成你这笔生意的时候，相比别人更加透明地介绍他们的业务。你问的问题越多，你就越能理解所有的努力去了哪里，为什么你在付钱，你在为了什么付钱，你也越可能对你的顾问感到满意。而整个过程越模糊，你就越可能误解对方说的话，或是他们越可能无法为你提供适合的服务。

所以，这就是整个过程，因为它或多或少适用于如今的大部分理财顾问，不论他们是独立理财顾问，还是银行、保险公司等。它本身没有问题，除去那个“免费”分析和资产配置的过程太常被视为达到目的的手段，也就是为了让客户在虚线上签名。顾问常常不和客户真正地谈论费用比率。所以，当这个过程以一种首先让顾问获益，其次让客户获益的方式进行时，许多问题可能被掩盖。

如何给专业人士面试——从3万英尺高的地方

如果我们是在美国或澳大利亚，我会这么说：雇用一位独立的、收费的注册理财规划师（CFP）来制订一份财务计划。然后让这位规划师，或找到一位收费的顾问，雇用一位低成本的托管人来投资被动型指数基金，或者如果你需要收入的话，帮助你用分红股票、债券和其他投资产品构建一套带来收入的投资组合。然后这一章就可以结束了。

不幸的是，在亚洲不同的国家有不同的规则，以下是一些小道消息：你只需要通过3~4套多项选择题测验，就可以获得许可在亚洲出售金融产品和服务。所以，准备好辨别一连串委婉的称呼——客户经理、理财规划师、经纪人、私人银行家、理财专家等，它们可能意味着一切，也可能什么意义都没有。

获得许可很容易，一个没有任何投资经验的21岁青年也可以获得许可。你需要的是经验。你需要知道**顾问的经验**是什么，以及他们在亲手管理你的投资组合时扮演什么角色。换句话说，你需要知道自己是在和一位销售人员还是真正的投资经理交谈。**你也需要确认，他们提出的建议是客观的，**而且你不会被建议购入某只能让顾问获得最高的佣金的基金。

但他们说他们曾在银行业从业……

有人说“我已经在银行业工作了20年”，这话听起来可靠让你放心，但是，他们在银行业到底做了什么？他们做的是销售，还是管理投资组合？如果他们在管理资金，那么他们的投资策略是什么？他们专门管理退休投资组合吗？他们所做的事情如何应用于你的需要？

你在寻找过硬的技能，例如：注册理财规划师、合格的资产经理以及注册理财分析师。而且，你想**找一个曾经用自己的资金进行过投资的人**。问问他们，是怎么赚钱的。如果他们的赚钱方法和他们正在销售的金融资产投资方法不同，那么你应该停下来思考一下。那句老话“自食其力”在金融领域再适用不过了。

即使对方拥有一些相关的资质和实践经验，你会想要一位能同情你处境的顾问，如果你需要的话，希望他能够用简单的方式阐述投资。如果你感觉对方正在说一套销售说辞，如果他们不喜欢你问很多问题，如果他们以高人一等的态度对待你，或是无法用11岁孩子能理解的话阐述如何投资，那么另外找一个可以做到的顾问。把复杂的问题变得更复杂一点也不聪明。

比率、亲属、宗教和收益

不要选择顽固无知的道路，这是你的钱。问一问你的顾问，如果你通过他们投资，他们的佣金有多少或占多大比例，以及你将承担什么费用。事实上，应该让他们把会影响你总收益的所有费用写下来——管理费用、年度管理基金费用、基金认购费、转换费用、尾随费用和其他费用。然后让办公室里级别最高的人签字。总费用比率可以低至1%，也可以高达3%或以上。回顾黄金法则八：降低投资成本。不用说，比率越低越好。

亚洲普遍存在的另一个问题是，只和宗教、社区、政治党派、国籍和种族相同的人一起投资。这种方法永远无法向任何人保证能获得更高的收益，而且思维方式可能有限制。实际上，诈骗者常会从他们自己的社区下手（这被称为关联欺诈行为），因为这是建立“信誉”最简单、快速的方式。

在这一点上，不要让任何人，甚至是亲属，为了管理和投资而监管你的钱。你永远不要给你的顾问或资产经理开支票。你应该首先把钱存入一个保管账户，例如一家银行或经纪公司，只有经过你的同意，他人才能交易或投资你的钱。这被称为不可任意支配的资产管理，这是持续了解自己投资情况的最佳方式。

雇用专业人士的错误理由是，你缺乏自制力，而且你认为这么做是富有魅力的。被赋权的投资者会有策略地利用顾问，直到他们确定一位顾问可以和不可以为他们做什么，而且他们准备好了多花一些时间来货比三家，以找到一个最符合他们需要的顾问。

如何雇用理财专业人士：具体步骤

你可以利用不同的专业人士满足不同阶段的投资需要。由于大部分专业人士想要包办你的所有业务，因此把自己形容成一站式商店，但其实很少有公司真正能在从财务规划和分析到实践投资管理的每个阶段都为你带来很高的价值。事实上，你会惊讶于非常多的顾问实际上只是销售代表，他们只是销售给你一个概念，而你的钱是在世界另一端接受管理的。

这里，我会介绍一种改变这个过程的方法，那样你就可以真正向金融中介机构提出要求。考虑到监管限制，在亚洲的一些城市这么做比在另外一些城市更容易，这里用一种能令你获益的方式概括了这些步骤。高明的消费者会货比三家，找出能够最大化地实现自己需要的方式，这里也不例外。

第1步：情景分析和目标设定

对于情景分析、目标设定、策略和长期规划来说，注册理财规划师能给出最严格缜密的分析。你支付给注册理财规划师一笔项目费用，作为交换，你最终能收到一份10～20页长的财务计划。如果你要求的话，计划中会清晰地概述资产负债表和现金流分析、财务比率分析、任何投资目标的预期收益、对过往投资选择的分析，对资产配置的意见，还有一份投资建议。这整个过程将需要你们至少进行两次或三次会面，打几个跟踪电话，以及询问一系列的细节问题。

谁在做这件事？注册理财规划师是只有经过许多场考试才被证明符合资格的专业人士，这些考试涵盖了税务、保险、财产规划和投资。一位拥有一些财务规划背景的优秀的注册会计师（CPA）可能也适合，但我认为注册会计师并不总是熟悉投资领域的问题。有一些处理财产问题的律师也是注册理财规划师。这些专业人士习惯于通过理解你的具体情况和长期目标获得收入，制作一份不带偏见、不存在冲突的计划。

谁做不好这件事？一份周密、不带偏见的财务计划是你可以拥有的最重要的文件之一，但是，大部分独立理财顾问、银行家、理财规划师等都不会为这些事情费心，即使他们是经官方认可的注册理财规划师。这完全取决于他们公司接受的任务是什么。财务规划被看作一件需要做很多工作，但回报很小的事，所以它被视为微不足道的小事。

购买一份财务计划的优势

· 根据你情况的复杂程度，你需要支付一笔至少约2 000美元（1 5000港币）的费用，你将会获得你想要的东西，并且消除任何利益冲突。

· 你付款是为了获得客观的观点，以及一份具体的符合你需要和长期目标的计划。

· 找一位经验丰富的规划师，他曾经在一两场危机中帮助客户管理资金，或是曾经和某个经历离婚或一些人生变故的客户一起工作过。通过这些经历，这位规划师会拥有帮助情况和你类似的人的经验，可能更加能照顾到你的具体需要。

需要注意的事情

· 注册理财规划师可能有显而易见的利益冲突。正如已经提过的那样，在亚洲，一些注册理财规划师在想要销售给你理财产品以获得佣金的公司工作。如果你的注册理财规划师认为你想要付款来获得一份财务计划很奇怪，或是如果他们只想向你销售人寿保险产品，或把你的钱放在高成本的基金中，那么你找错了理财规划师。

· 所有的规划师都需要你愿意向他们提供信息，告诉他们你想从这份计划中获得什么。如果你只给了他们一半的信息，那么他们就只能制作一份不完整的计划。

· 正如已经提到的，如果你承诺将长期接受他们的投资服务，一些公司会为你提供一份免费的财务计划。在你同意之前，要求看一份样品计划，然后算一算账。如果他们的最少投资额是25万美元，而且最初的创立费是1%，那么这里就需要付2 500美元。你想要一份计划，还是一份长期合同？

第2步：投资政策说明书和资产配置

投资者不快乐的最大原因就是他们的收益不是自己所预

想的那样。这些投资者通常没有制作回答以下问题的投资政策说明书：

（1）我为什么要投资（目标）?

（2）投资多长时间（投资期）?

（3）我需要获得多少收益或收入（风险、收益和收入）?

（4）我的账户应该有什么规则和限制?

这些问题的答案定义了你想要什么，你期待什么，你的资产配置，以及你的账户将会如何被管理。同样地，这些投资者也并不清晰地了解与他们投资相关的费用。

如果你没有一份投资政策说明书，你就没有管理投资组合的策略，是在盲目地行动。所以，本质上，你在全权委托你的顾问去购买、出售以及推荐除了厨房水槽以外的任何东西。结果就是，你可能会和我的朋友杰奎琳（Jacqueline）经历同样的事情。

杰奎琳是一位非常忙碌的市场总监，在世界顶尖的消费者品牌公司任职，她把自己的投资组合交给世界上最有声望的投资银行之一进行“管理”。就杰奎琳所知，她的投资状况一直很好，因为她的理财经理会定期给她打电话，为她提供一些投资意见。

她很信任那家银行，结果就是也很信任她的理财经理，所以即使她对投资不确定的时候，也会说：“为什么不呢?去买吧。”当杰奎琳接受理财经理推荐的做法时，她感觉很好；她感觉自己的需要被满足了，而且感谢所有的关注，这让她感觉自己的财务未来尽在掌握。

也就是说，杰奎琳从来没有真正读过她的投资政策说明书，或对收益思考太多，只是假设收益“足够好”。当我打开她的账户，看到她的投资组合时，我都快惊掉下巴了。她足有投资了超过20种不同的主动型管理基金，而所有基金都需要支付2% ~4%的预付佣金。

没有人制订过一份财务计划。杰奎琳拥有6位数的收入和7位数的投资组合。“为什么我需要一份计划?”她问道。她也没有一份投资政策说明书（IPS）来向她展示将如何进行基金投资。“这是世界上最有声望的私有银行，它一定拥有最优秀的经理人!”她宣称道。甚至没有人和她沟通过资产配置策略。“那是什么?”她问道。她每年的名义收益率是1.8%，真实收益率是 -2%。实际上，她付钱给这家银行，只是在持有她的账户。

当杰奎琳打电话给她的理财经理要求获得一份计划或一份投资政策说明书时，他告诉她已经做了一份。一年后，杰奎琳还在等待这份说明书。杰奎琳本可以凭借一种简单的投资策略和3只低成本的指数基金在10年内实现更好的投资收益。

顾问迅速建立了这些投资组合，除了一个简单的想法“客户想进行投资”之外没有任何计划。因此，只雇用了一个会开心地写下一份投资策略，并且把它融入投资过程以保护你的投资收益的顾问。

投资政策说明书

一份投资政策说明书基本上为投资组合经理人概述了基本的规则。它可以陈述许多事情，最重要的是：

· 你的投资目标

· 如果不是一个一次性注资的账户，那么你出资的频率

· 如何把你的投资分摊到股票、债券和现金，以实现你需要的投资收益（即资产配置）

· 你将投资什么种类的基金或产品，即只投资被动型基金，或交易型开放式指数基金，或只投资红利增长型股票等

· 顾问何时会再平衡或为客户实现利润

· 将如何使用红利，即作为客户的收入，还是进行再投资

一份投资政策说明书可能长达 20 页，但最好简单一些，用简明的语言表述。例如：目标是在 20 年内构建一个 300 万港币的退休基金，每年往一个平衡的投资组合中增加 85 000 港币，投资组合的 60% 是股票指数基金，30% 是短期债券指数基金，剩下的 10% 是货币市场基金或短期定期存款（CDs）。我们想在扣除费用后，每年实现 5.6% 的真实收益率。90% 的投资产品将会一直是低成本、无佣金的被动型指数基金。所有的红利都将被用于再投资。当任何投资类别出现 15% 的上涨时，顾问必须进行再平衡。未经我同意不得进行任何交易。我们将在 5 年后重新探讨这份说明书。

资产配置

你的投资政策说明书中最重要的部分就是资产配置，我们在第8章中已经介绍过了。正如提到过的，亚洲大部分地应会利用投资者风险概况调查来形成投资者的资产配置，仅此而已。在大部分主要金融中心，这些调查是法律规定的，而且通常是在你和潜在顾问第一次见面的时候，就作为最初面谈和信息搜集过程的一部分完成了。

这些概况说明了“你害怕失去什么”，而且它们通常会把投资者分为防御的、保守的、平衡的、稳健的或积极的。防御的投资者更多投资货币市场和债券基金，更积极的投资者会有更高的股票投资比例。

投资者风险概况调查会保护投资者，避免让他们投资在财务上或情感上无法承受的、风险更大的投资产品。这是一件很好的事情。缺点就是，这些概况过于简单，可能没有把我们面对的市场风险考虑在内。所以，和你的顾问一起制作一份投资政策说明书，以及规划资产配置时，要考虑如下的因素：长期趋势，你的投资期，你的投资者概况结果，你需要的收益和其他实质性的问题。

许多财务中介机构本身并不规划资产配置，甚至不管理投资组合。他们基本上是扮演销售办事处的角色，把客户的资金交给英国、美国、南非等地的专业管理基金进行管理。这本身没什么错，但很重要的一点要注意，你的“顾问”可能多半是拥有一些理财知识的销售人员。

谁会做这件事? 当你购买一份财务计划时，如果你要求获得一份资产配置策略，那么建议或推荐的资产配置策略通常会包含在财务计划中。如果你有一名独立理财顾问，正在和人寿保险公司或一家银行合作，那么通常他们会为了赢得你这笔生意，在合作的过程中“免费”为你提供一份资产配置计划，然后销售给你一个收取佣金的产品，或向你收取创立费。投资政策说明在亚洲还没有那么普遍。不论如何，要求获得这样一份说明，找到会撰写这种说明的顾问或规划师。

需要注意的事情

一旦你开始走上策略和规划的道路，你就不再是和你的顾问“约会”了，而是接近“订婚”了。一旦你开始了，就很难从你的顾问那里抽身了，所以需要提前了解所需的费用（见第3步），然后明智地做出选择。以下是一些你需要记住的事情:

· 一旦你支付了创立费，如果你想更换顾问，费用是无法退还的。这意味着，你可能需要另外付一笔创立费，除非新的顾问在接管你的投资组合时同意只根据收入流收取年费。

· 如果你已经拥有了一份成熟的财务计划，而且这个财务中介机构实际上本身并不做什么，那么让未来的顾问检查你的计划，如果他们要求你支付创立费，那么尽可能将创立费压到最低。

· 我将反复提醒：小心提防投资者的监狱，也叫作拥有限制性免责条款的强制储蓄计划。如果你必须要存大笔的钱，那么你需要重新看一遍第3～8章的内容，形成有条不紊的、不带情绪的货币经理人的习惯。

· 小心提防被说服购买主动型管理基金，因为主动型管理基金费用的增长速度和你的收益一样快，这可能对你的投资组合产生破坏性的影响。

第3步：只负责执行的管理

我们快接近终点了！到现在为止，你了解了自己的投资期，知道为了获得想要的收益需要承担多大的风险，而且你拥有了一个具体的投资目标。你只需要某个人来为你创建投资组合，根据你的资产配置进行市场交易，然后长期监控这些投资的状况。就像是你已经规划好了整个旅程，现在只需要某个人帮你购买机票和订酒店。

谁会做这件事？在亚洲，除了我的哈巴狗克洛弗，每个人都在进行投资管理，因为对于咨询团体、人寿保险公司和金融机构来说，进行投资管理才能获得持续的收入流。你将和哪个中介机构合作很大程度上取决于你拥有多少可用于投资的资金。独立理财顾问通常为拥有10万～100万美元可投资资产的富裕人士或客户群提供服务。私有银行把拥有100万以上可投资资产的客户群视为高资产净值（HNW）客户。

私有银行提供的产品和服务范围比大部分独立理财顾问更加广泛，他们可以进入专家关系网，例如债券专门经销商，可以进行专项研究和其他投资，而散户投资者通常无法获得这些资源。私有银行通常在24小时内提供贷款。他们也有自由决定的资产管理，这意味着你委托他们根据你的投资者概述管理你的资金（并不总是一个好主意）。

如果你是一位高资产净值客户，而且雇用了一位独立理财顾问，那么这位顾问通常会把你的账户托管给一家私有银行，让你能够享受私有银行的所有好处。需要注意的是，高资产净值投资者拥有各种各样的选择，所以货比三家，找到最适合你需要的银行和顾问。

私有银行可能比独立理财顾问更加带有倾向性，会向你极力推荐它们所拥有的主动型管理基金。当它们销售给你的产品或计划并不如预期表现得那么好时，它们也可能什么也不说。所以你和私有银行合作的结果可能和雇用一位独立理财顾问的结果没什么不同，只是可以享受更高级的咖啡、服务和旅游罢了。

对于账户初始金额低于10万美元的小规模投资者，经纪行、零售银行和人寿保险公司会通过客户关系经理和他们进行合作。客户关系经理常常需要维护成百上千的客户关系，他们的动力主要来自于佣金，他们推荐的主要产品倾向于是主动型管理的单位信托基金和投资者监狱的合约。

如果你是从零开始，没有钱可以预先投资，你最好自己操作，开设一个在线经纪账户。你也可以在线下通过一位经纪人进行交易，但是记住，他们就像房产经纪人一样，是赚佣金的，而且不同经纪人的经验可能有很大差别。不论你决定和谁一起投资，请注意执行过程中的这三个方面：你在哪个投资平台上进行投资，费用比率是多少，以及谁在照管投资组合。

投资平台。当你和中介机构合作时，你的钱将会“被扣押”，然后根据你的最低投资金额，通过银行或在线经纪平台进行投资。投资平台被用于投资不同的金融资产，例如股票、债券等，而且保管费用相对于很低，但不管怎样还是问一问以确定。找一位能提供广泛投资产品的顾问，**包括低成本的被动型指数基金和交易型开放式指数基金，越多越好，**能让你在把钱取出来的时候就像当初投资一样容易。

再一次提醒，你必须通过一个保管账户进行投资，永远不要直接写一张支票给你的顾问。因为如果没有保管账户的话，会发生最严重的欺诈事件，保管人可以提供关于你账户和交易的独立证明。百度一下伯纳德·麦道夫（Bernie Madoff）。

费用比率——留意成本。不论和你合作的顾问是一位独立理财顾问，还是在一家银行工作，你支付给他们的用于构建、管理和监控投资组合的初始费用大约是你资金的1%，之后还需要根据你的平均余额，按季度支付1%。此外，还有保管费、交易费等。

这些费用通常以基准点的方式进行衡量，所以0.20%的费用就是20个基准点，1.5%的费用就是150个基准点。当顾问用基准点和你沟通的时候，可能会很烦人。你可以告诉他们，在和你一起投资的时候，不要说金融的专业术语，而是用百分比向你展示所有费用的比率，包括基金费用。正如这一章早些时候提过的那样，这个总百分比就是你的费用比率（显然越低越好）。

以下是一张表格，你在和顾问沟通的时候可以用这张表格理解除了创立费和年度管理费之外的他们的费用结构：

费用	这是什么	费用范围
*首次认购费	一项一次性支付的费用，通常在投资之前预付	0.75%～5%
*撤离费	在一项投资的3－7年初始投资期内收取，和投资者的监狱计划类似	0.75%～5%
创立费	这是在管理上创建你的账户所收取的费用，但也是锁定佣金的一种方式。尝试让机构放弃收取这笔费用，或把它压到最低，因为这是针对你所有初始投资收取的前期费用	0.5%～1%
*年度基金费	你接受顾问的推荐，投资主动管理型基金所要支付的年费	0.5%～2%
年度管理费	你为投资组合接受管理和监管所支付的年费	0.5%～1%
尾随佣金	基金向推荐它们的顾问支付的费用	各不相同
转换费	当你从投资一只基金转换到另一只基金时，需要支付的费用	各不相同

* 有一个非常简单的方法，可以让你不被收取其中的许

多费用：让顾问撰写一份投资政策说明书，然后告诉他你只想投资被动型指数基金或交易型开放式指数基金，它们可能不需要支付认购费和尾随佣金。

一位行事透明的顾问应该能够这样告诉你："预付费用是1%的佣金或创立费，后续费用有1%的管理费和0.1%的平台和保管费。对于我们正在向你推荐的这些基金，会有2%～3%的预付认购费，而且如果在第一年提前撤离会收取10%的罚金，第二年5%等。"让顾问把这些内容写下来，让他举例说明，一笔10万美元的投资需要收取多少费用，然后让他们签字。这会让你更容易比较不同顾问的费用比率。

我永远都在强调这个费用比率（你为投资基金和托管它们所付的费用）对你的长期收益有多么重要。下面这张图表向你展示了，投资10万美元，名义收益率是8%，那么在30年的时间里会如何发展。这三个收益数字反映了三种不同的总费用比率，1%、2%和3%。如果你的账户的总费用比率是3%，那么你所赚到的收益只有总费用比率为1%时的一半。

这将会是你的年度管理费、基金费和保管费的总和。一旦你支付的这些费用超过了1.5%，这些费用的**复利**就会开始严重影响你的收益。

管理——谁在管理投资组合？除了费用，你需要清楚地了解这位顾问将如何管理你的投资组合。一些顾问可能会比其他人想更频繁地交易、再平衡或转移资产。你想要一位顾

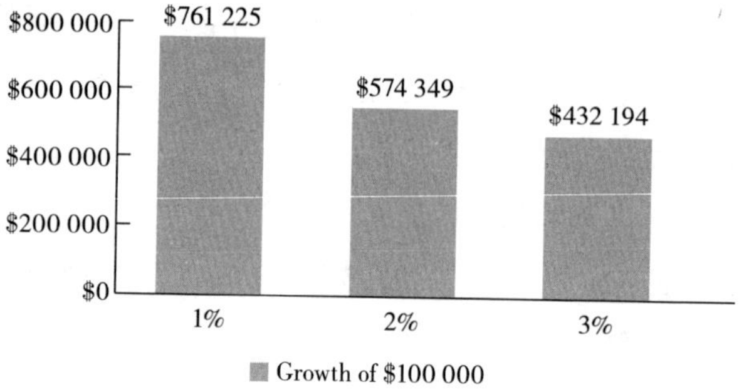

10 万美元的增长

问能够最低限度地做到以下几点:

· 将在一年里对你的投资组合进行一次再平衡，让你增加一些新的基金或利用市场收益。

· 拥有相近的观点，即关于长期趋势的投资观点能与你产生共鸣。

· 理解你的独特情况。

· 会留意战术上的机会，使你能够用投资组合中的一小部分来对短期到中期的市场变动加以利用。

最佳的投资顾问会很高兴地撰写一份投资政策说明书，阐述他们的投资理念，并且在他们的投资合同中说明，不存在任何利益冲突，即“我们的公司或我们的理财规划师都不会从客户购买的保险或投资产品中获得任何佣金或销售服务费。我们的投资组合管理客户只根据我们为其管理的投资资产价值支付给我们管理费。”

有时候，当投资者最后发现他们的顾问把所有的时间用于寻找新生意，而不是用心监管自己的投资组合时，他们会很不高兴。你预先和你的顾问聊得越多，你就越能了解他们是什么样的。

在这一点上，我常常听到顾问告诉他们的客户，他们收取费用是为了“防止客户做愚蠢的事”。好吧，问问你的未来顾问他们是如何应对2008年的经济危机的。你就会知道他们有多么聪明或多么愚蠢。当时，许多顾问就像许多投资者那样，处于全面恐慌模式。

你的顾问无法为你做什么

你付给你的顾问费用，不是让他们做一名读心者或市场先知，因为这些技能在真实世界里并不存在。你不应该每天、每周给他打一次电话，或每当市场震荡时就打给他。不太可能每年都能带来你需要的收益，因为你是在长期投资，重要的是年化收益率。如果你很难接受这一点，那么不论有没有顾问，你都根本不应该投资金融市场。

但是，你支付给某人1%的年度管理基金费是想获得一些东西的。所以，如果你的顾问期望你一直增加投资，但他们却无法真正增加投资产品的价值时，你也可以制作一份财务计划，然后管理自己的投资组合。

最后，让你的顾问沿着轨道前进的最佳方法就是制作一份投资政策说明书，然后确保从一开始就明确这些规则。第一年里，你可能发现自己需要管理一下这位顾问，但是，就像任何良好的关系一样，它应该发展成一种相互尊重。如果你和你的顾问并不处于一种相互尊重的关系，那么不要害怕分道扬镳，可以再找一个在自己的利益之前优先考虑你的最佳利益的人。

需要注意的事情

· 许多投资是通过我提过的限制性保险平台进行的。尽管不同国家的情况各不相同，但似乎你的投资金额越多（一般超过 25 万美元），你所受的限制就越少，而且你可以在任何时候离开这个平台而不需要支付罚金。

· 私有银行比任何机构都更加处于 2008 年丑闻的中心，他们向不知情的客户销售拥有致命缺陷的产品。不要被这些银行的豪华表象所愚弄；他们的红木镶板墙不会让他们对傲慢和贪婪免疫，相比你的底线，他们会更关注自己的底线。

· 如果你是一名高资产净值客户，私有银行可能会为你提供免费的保管服务，然后通过对许多其他服务收取额外费用来吝啬地对待你。把他们所有的交易费用、外汇费用等费用预先打印出来，在签订合同之前据此判断最佳的选择。一旦你是一名私有银行的客户，很多事情都可以商量，所以好好利用这一点。

· 独立理财顾问和银行可能会收取年度顾问费，他们也可能保留来自所出售产品或基金的产品佣金。如果可能的话，找一位不这么做的独立理财顾问或银行（在你签名的投资政策说明书中加入这一点），然后将任何佣金进行再投资，加入你的投资组合中。最好的顾问会试着把大部分佣金还给你。

• 许多投资者发现他们处于一种困境中，我把它叫作“过分分散”。他们持有太多基金，而且他们常常不确定为什么。如果你的顾问想让你持有超过5～6只基金，问问他为什么需要这么做，然后让他向你说明，如果你采纳这条策略，收益会多多少。我常常在想，过分分散投资保护的是顾问还是客户。

第4步：保险和遗嘱——一次性购买

如果你想掌控自己的财务未来，保险应该被归入一次性购买的投资产品，投保你最关心的风险（健康、人寿等）。在一些例子中，保险被用于保护非常庞大的资产，但是除了那种情况，保险永远不应该被作为你的主要投资工具，因为其中涉及超额的和隐藏的费用。

保险行业把他们的销售代表训练得很好，这些销售代表一眼就能辨认出谁是容易受影响的客户。换句话说，当我告诉一个销售代表我是一名注册理财规划师时，我就不会再被打扰，因为他/她知道我不会购买他们销售的任何产品。

最容易受人寿保险行业影响的人是投资新手，他们在寻找一定会成功的交易，例如像年金保险这样提供固定收入流的产品。人们常会因为引诱利率决定投资，然而当产品的表现不如他们所告知的那样好的时候，投资者就没办法逃脱了，这时候意识到已经太晚了。

提防隐藏的缺陷

年金保险有数不清的隐藏缺陷，这些缺陷常常被秘而不宣，如过高的佣金、更低的收益、付款延迟、退保费用以及长期的锁定。年金保险的销售额依然在攀升。正如《商业周刊》（*Business Week*）所说的那样：

“潜在购买者可能忽视销售错误，然后深入研究细节，看看年金保险是否适合他们。但是，那可能真的很难。”一些说明书可能会“超过500页，所以你就知道为什么大部分购买者会根据销售说辞下决定。”年金保险卖得这么好的主要原因很简单：年金保险销售人员的销售佣金太高了，有一些高达14%。结果就是，这个行业吸引了一批有进取心的骗子，他们的职业道德有问题，“捕食”脆弱的消费者，特别是老年人，这种模式给整个行业带来了坏名声。简而言之：贪婪导致了道德妥协，玷污了营销策略，那就是为什么年金保险卖得这么好！①

这里有一些保险方面的建议。保险是一种减轻或控制风险的手段。购买保险来为你面临的风险或最关心的事情投保，而不是作为一份长期的投资计划。我推荐购买的主要保

---

① http://wallstreetwarzone.com/annuities - brokers - love - % E2% 80% 98em - press? hates - % E2% 80% 98em/.

险类型如下：

定期人寿保险和残疾保险。定期人寿保险通常包含残疾保险，这没有任何现金价值，意味着只有在被保险人死亡或残疾的情况下才能获得相应赔偿，其他情况下什么也得不到。那没关系。它很便宜，而且覆盖了所有你可能的需要。如果你依靠你的前夫获得收入，**你需要为他投保一份不可撤销的人寿保险，你是保单持有人。如果你依然依靠他获得赡养费和子女抚养费，那么这应该成为你离婚补偿的一部分。**

定额定期的或每年更新的定期人寿保险。作为保单持有人，你需要支付保险费以确保保单不会失效。这应该在你离婚前就安排好，如果离婚后你依靠他的收入生活，这应该成为离婚补偿的一个重要部分。

如果目前你有收入，而且有在财务上依靠你生活的人，你可以购买定期人寿和残疾保险，以确保在你死亡或残疾的情况下，依靠你生活的人能被供养。你将成为保单的持有人，这份保单将和你的生命有关。你将需要确定保单的受益人，如果他们是未成年人，你必须考虑为他们建立一份信托，你死亡之后他们就可以领取（以遗嘱的形式写下来，如果你离婚了，需要重新撰写一份）。这样子，你的孩子就能直接受益，除了你的保险受益人，没有人可以领取你的人寿保险赔偿金。

健康保险。如果因为离婚，你不再拥有健康计划，那么投资一份健康保险是必要的，除非你在一个拥有成熟的国家医疗保健制度的国家生活，例如加拿大或欧洲的部分国家。不论你处于什么医疗保健制度之下，或你购买了什么健康保险，很重要的一点是，你要充分了解什么上了保险，什么没有上。

在像新加坡这样的国家里，一些健康保险单并没有完全覆盖重要的疾病。如果你家有癌症家族史，你可能要考虑购买另一种保险，尽管我不会这样做。价值2～3年的保险总额通常足够了。

即使你拥有健康保险，当你去国外旅行的时候，你可能还需要购买旅行保险，特别是去美国旅行。许多健康保险单不再覆盖美国的医疗照顾费用，因为那里的医疗支出太多了。

储蓄保险。在一些离婚的例子中，你可能和你的配偶决定为孩子的教育购买储蓄保险。这样子，你的钱就被预留出来，并且由第三方“保管”，而且只能在将来的某个特定时间取出来。个人来说，我宁愿把用于教育的钱放入投资组合进行积极的投资，因为这样你更有可能获得更高的收益，但这完全取决于双方的信任程度。

需要注意的事情

保险行业受到佣金的强烈驱使。如果你在购买保险产品，你需要知道费用和佣金是多少，货比三家会给你带来好处。用严格的条款困住你的钱的产品就是为保险公司赚最多钱的产品，而且很有可能是为你赚得最少的产品。

· 小心任何“多合一”的终身类型的保险，它声称会提升你正在建立的巨大的“现金价值”。这是一项强制储蓄计划。为什么不建立一套投资组合，然后单独购买你的定期人寿保险呢？相比终身寿险，定期人寿保险更容易取消或变更。

· 女性喜欢年金保险，但是得购买正确的产品，因为如果你买错了，几乎没有任何追索权（即无法脱身！）。当你购买一份年金保险的时候，你就把一大笔钱交给了保险公司，然后它每月支付给你一点收入。所以，实际上，你被你的保险公司“保管”了。如果收款人丧失了行动能力，无法管理她自己的财务，或是一位缺少在财务上可靠的监护人的未成年人，或是一个有药物或赌博问题的人，那么我才会推荐年金保险。年金保险可能是获得收入的一个选择，但不要把它当作唯一的选择。

· 在2008年时，有一家保险机构处于危机的绝对中心。成百上千的领年金者在新加坡的保险公司办公室外面排队，害怕公司不履行他们的年金保险合同。这里的教训是，仔细阅读你的保险合同，问一问有什么条款可以保证公司在遭遇另一次经济危机时能履行承诺。

· 最重要的一点是，写一份遗嘱，特别是如果你离婚了，而且想把自己的资产留给你的孩子。对于任何拥有房产或大量投资资产的人，大都考虑建立一份信托来保护未成年人。信托可以避开烦琐的流程，例如遗嘱认证，并且保护你的资产不被其他人取得，直到你的孩子足够成熟能够自己管理这些资产。

结论

与任何想要向你推销东西的人真正互动的唯一关键点是，知道你为什么要投资。所以，先了解自己的需要、目标和愿望。然后，反过来告诉你的银行家、经纪人或顾问，你想要他们为你做什么。知道自己需要什么也让你更容易摆脱销售说辞，你可以这样说："感谢你向我介绍这个产品/服务，但是我真的不感兴趣，因为它对我的长期计划没有任何意义。"

最重要的是，如果你对你的顾问感到不满意，不要犹豫，直接换一个。找一个你信任把钱交给他，而且尊重你和你个人情况的人总是更好的。如果你找不到适合你需要的顾问，你将需要走另一条路，自己进行投资。

第10章 投资你自己

这样的一天来了，在这样的日子里，危险被紧紧包在花蕾里要比绽放更加令人痛苦。

——阿娜伊丝·宁（Anais Nin）

我们已经学习了传统的投资知识，现在让我们来聊一聊你将做出的最棒的投资之一——投资你自己。郑重声明，我不是指一个新衣橱、美容手术或去国外度长假，这类投资都有其时间和空间。我所说的投资是为你提供持续的收益，那种随着时间的推移可以增加和以复利增长的收益，很像一只好的分红股票。

重新进入劳动力市场

如果你已经离开工作岗位一段时间，那么重新开始工作，确立自己的地位可能让你感觉气馁。你可能感觉自己已经失去了技能，跟不上最新的流行词汇，而且/或眼看着你的专业人际网络随着时间的推移慢慢消失，特别是如果你之前的工作需要业务拓展和疯狂地与人联络。

或者，你可能正在考虑开启全新的职业生涯或被雇用的机会。可能你不能找一份全职工作，因为你仍然需要照顾家中年幼的孩子。不论你现在在哪里，如果你此刻不能被雇用，那么请你保持可被雇用的状态。

如果你想留在你之前的工作领域，那么重新进入劳动力市场的最佳方法就是提升你的技能，并且重新开始建立关系网。如果你不确定自己想做什么，试着培养对一份全新事业的兴趣。好好想想你真正感兴趣的是什么，你在市场中的哪个领域看到了机会，以及发展一份新事业的机会在哪里。我在自己的领域遇到的一些女士就是这么做的，她们出于需要和兴趣学习了财务方面的知识，然后充分利用她们所学的知识，开启了成功的财务事业。个人来说，我没有遇到过年龄歧视；实际上，作为一位注册理财规划师，我的年龄更是对我产生了有利的影响。

我认识许多女性，她们在四十几岁或五十几岁的时候重新进入劳动力市场，她们拥有各种各样的事业，有的提供心理咨询，有的教书，有的管理房地产信托投资基金，有的经营餐厅。一些行业比其他行业对年龄更加有要求，例如广告或活动策划，但是，也有许多职业是“无年龄”的，而且可信度主要建立在年龄和经验上。

确定重新进行什么训练是一项个人决定。你应该了解你将需要花多少时间进行重新训练，其中涉及多少成本，需要投入多少时间，以及存在什么样的真实就业前景。你可能需要接受从你职业的底层开始，而且愿意努力往上攀升。聪明、努力的人不会在任何职业的最底层停留太久。

即便如此，我意识到对有些人来说，甘心忍受从头开始是艰难的，所以我会建议你寻找一个真正感兴趣的领域。这样，你获得的益处将不仅仅是创造未来收入的能力。你将拥有更多真正的满足感，并且很有可能遇到许多志同道合的同辈人和未来的同事。

亚洲很棒的一点是，每个人都在学习、再教育和提升自己的技能。我曾坐在一个教室里，同学们来自各个国家，年龄从20到65岁不等，回到学校真的很令人享受。如果你找不到自己感兴趣领域的课程，也有很多方法可以通过网络学习获得认证。

创业概述

似乎没什么可以比成为自己的老板和掌控自己的职业命运更令人满足的了，但是创业需要有正确的理由。创业需要你投入大量时间、精力，而且常常需要大量资金。所以为了拥有精力和创造一份事业的强烈渴望而去创业，不要仅仅为了给自己一份工作而创业。

创业现状核实

没有人就亚洲离婚者创业的成功和失败做过调查，或至少我没找到这样的调查，所以我将和你分享我的一些观察成果。

在亚洲生活的这些年里我发现，似乎女性开创的大部分事业是零售事业（通常是服装、饰品或餐厅）。不深入零售行业的女性通常扮演代理人或代表的角色（在房地产、红酒等领域），提供例如法律或理财规划的专业服务，教书或做职业咨询工作。后面这类女性从家里开始开创她们的事业。尽管这些女性并不总是成功的，她们的成功率要比零售类的女性高出许多。所以，让我们探索一下其中的一些原因。

1. 最显而易见的原因就是，如果你是居家企业的唯一所有者，那么相比开一家零售店，居家企业的创业成本要低很多，开零售店涉及租一个公共空间、雇用员工和准备存货。如果可以的话，更加成功的零售创业者会从居家企业开始，在开设零售店之前先对市场进行测试。他们这么做就是为了降低成本，并且根据需求管理自己的预期。

2. 在家里工作或经营居家企业的人通常已经找到了一个市场需要，然后提供回应这种需要的服务，而一般来说，零售和餐饮类的创业者创业是为了提供一项她们（和她们的朋友）想要的服务。许多成功的零售企业是从某人想要什么的点子发展起来的，但是在你开蛋糕店或设计师泳装店之前，你需要做市场调查。只是因为某个点子吸引你和你最亲近的朋友，不意味着它将成为一家能生存下去的企业。

3. 对于成功的零售和/或餐饮集团，成功似乎来自于企业家创建一个专营市场概念的能力，他们为非常特定的顾客服务，而且能够对他们的产品收取额外的费用。他们也通常拥有正确的店面位置以吸引他们的顾客，店面位置对他们的目标受众来说很方便。所以他们立即被认定为“专家”或能获得一些独特东西的“商店/餐厅”。

如何开始像未来的企业主那样思考

根据2010年万事达（MasterCard）进行的调查，亚洲大部分区域的女性企业家数量正在稳步增长。①

女性可以而且确实能成为优秀的企业家，她们可以为社会的经济做出巨大的贡献。单看美国，女性拥有1 060万家企业，雇用了1 910万劳动者——每7个雇员中有一个受雇于女性。而且，她们的企业销售额达到了2.5万亿美元。②

和女性为什么能成为优秀的投资者理由相同，女性也可以成为优秀的企业家，因为，她们是务实的消费者，而且谨慎地管理她们的现金流。以下是一些代表了全美国小企业的数据（男性和女性所拥有的）：

- 93%的企业营业收入低于25万美元。

---

① www.masterintelligence.com/asset/upload/252/179/MC84 – WomenSME – S.pdf.

② www.entrepreneur.com/sbe/women/index.html.

· 57% 的企业营业收入低于 2.5 万美元。

· 51% 的企业在家里经营。

· 63% 的企业是独资企业（他们没有其他员工）。

· 85% 的企业在第一年失败（经营时间越久，能生存下来的企业越少）。

这些数据表明，创业很容易；但要长期获得成功就没那么容易了。以下是一些关于如何开始设想你的新企业的建议，以及一些需要避开的陷阱。

把你自己家放在第一位

说实话，即使离婚留给你数亿美元，你还是需要坐下来，基于你想在后半生如何生活而为自己制订一份财务计划。如果你之前从不需要管理自己的财务，而且/或现在有人依靠你的供养生活，那么这么做更加重要。

我曾见过有些女性获得了 8 位数的离婚补偿金（至少 1 000万美元），但不知怎么的把大部分钱都投入到了失败的创业活动中。现在，她们陷入了困境，正在试着去理解如何管理她们剩下来的钱。所以，请像看重你的家庭一样重视你的财务状况。

没有两桩生意是相像的

有数百万桩生意可能都和你印象中的生意不同。为忙碌的宠物主人遛狗的女士在做生意。在公寓里教授艺术的女士，拥有自由职业的瑜伽老师，在小小的公寓里教授钢琴的老师都在做生意。这些都是由需要为自己创造现金流的女性经营的生意。

如果你因为有年幼的孩子或其他事情需要经常在家，那么找一桩能让你更灵活地安排时间和日程的生意。关于一桩生意应该是什么样的不存在任何规则。只要你每月在持续地赚钱，你就是在经营一桩生意！

低起点可以成就辉煌的结局

许多伟大的事业始于一个单纯的想法。常常是简单的想要提供比目前市场上产品更好的产品或服务。只需要看看菲尔斯曲奇饼（Mrs. Fields Cookies）、液体纸（Liquid Paper）、便利贴（Post－it Notes）和许多受欢迎的零售品牌，比如美体小铺（The Body Shop）、卡骆驰（Crocs）和耐克（Nike）。这些概念背后的大部分企业家都是从家里开始，他们创造了一件完全独特的产品，或拥有独特价值主张和竞争优势的产品。

这需要花 1 000 天的时间

从“开始营业”算起，大部分生意需要花 1 000 天的时间，才能知道这是不是一桩可以经营下去的生意。所以至少需要规划 1 000 天所需的开支，那么当你不耐烦的时候，请保持耐心！

胸怀大志，但从小做起

许多企业家在创业的时候是在家里工作，来降低开支。从小做起，即在家里工作并且获得正向的现金流，要比租零售店铺或办公室，然后拥有持续的负现金流要好。一旦你了解了你的产品或服务的需求，你总是可以扩大规模。相比从大做起，交纳大笔租金，对员工做出承诺，然后发现自己需要裁员或换一个更小的经营场所，从小做起，然后扩大生意规模要简单得多。不得不缩小业务会损伤员工士气，在心理上受挫，而且可能损害你的品牌。

不论你觉得一开始需要多少钱，准备双倍的钱

我在创业时获得的最好建议就是，计划花两倍于预算的钱来让一切顺利进行。资本不足（拥有的钱不够）是许多生意失败的首要原因。就像在家里创业不用感觉丢脸一样，预算有限也不用感觉丢脸。我不是指你需要许多钱，只是你需要的钱通常比你认为创业所需要的钱要更多。

用财务相关的措辞定义成功

有些人心中有许多参数，他们用这些参数来衡量他们事业的成功：成功投放市场、着实积极的反馈、优秀的产品、漂亮的商标、好的广告等。但最终，你需要问一问“在做这桩生意的过程中，我赚的钱比花的钱多吗?”还有“赚的钱

足够让我自己藉以谋生吗?”

我在第9章提到过，要投资拥有好的现金流前景的生意，与此相同，为了在自己的生意中获得成功，你需要持续创造正向的现金流。最终，这股现金流将变得足够大，能够让你为自己创造一笔可观的薪水，然后，如果你需要的话，再雇用其他员工。你可能在几个月的时间里实现这一点，也可能需要花1 000天甚至更久的时间。重点是，做生意是创造正向的现金流，这是定量的，不是定性的。

创造一份商业计划，然后让商业人士，而不是朋友审查

我爱我的朋友们，但我最不愿意让她们审查我的商业计划，除非她们是企业主，而且在我选择的领域有做生意的经验。朋友总是会提供支持的，好朋友可能会指出你的主意中存在的一两个问题。但是，当你出于一个认真的想法制作一份严肃的商业计划时，你真的需要寻求中立方的建议。你可能会得到自己不想听到或采纳的反馈，但至少你知道了来自中立第三方的意见。

为市场创造一样产品或一种服务，不要仅仅为你的社交圈创造

许多小生意失败，是因为人们为自己或他们的社交圈创造产品和服务。这一般意味着没有做好充分的市场调查，而

且对市场规模和市场范围的预测太宏大或太乐观。如果你认为潜在市场是10万人，那么很有可能最初你只接触到了这个市场人数的5%，或更少。

在比如中国香港和新加坡的一些城市，要开始做一桩小生意很容易，他们鼓励个人做小生意。可以利用的很好的资源是职业女性的组织，比如新加坡职业女性协会（Singapore Association of Professional Women）和中国香港商业和职业女性协会（Business and Professional Women's Association of Hong Kong），因为这些组织将会帮助你和其他女性企业家建立关系网。但最终，你的生意的动力、灵感和领导力还得来自于你。

一位稳定的母亲意味着拥有稳定的孩子

不论你选择了哪条道路，接受教育还是开创一家新企业，如果你有孩子，在他们回归日常生活之前都不要做任何新的尝试。一般来说，学龄期的孩子需要从他们的主要照顾者那里获得大量关注和安慰，而且在离婚期间和离婚后尤其如此。

尽量等到你的孩子情绪稳定了，回归学校的日常生活，正常做家庭作业之后再开始尝试你想做的事情，那时候你会有更多时间和精力来完成你的学习或经营你的生意。记住，向你的孩子解释为什么你选择回到学校或创业，以及这么做将会如何帮助到整个家庭。对孩子准时和全身心地投入是必需的。如果一天里你只能花几个小时帮助他们，或和他们度过美好时光，他们就知道自己在这些时期可以依靠你，而且当你需要集中精力在自己的工作上时，他们会理解你。

结论

有些女性知道自己的权利是什么，能掌控自己的决定，而且想掌控她们的财务未来，我从未低估过这些女性的力量和能力。我将用一个故事来结束这一章，以及这本书，这个故事显示了一个人的力量和能力。

我的一位朋友从她小有成就的事业中休假结婚，然后跟着她的丈夫去了另一个国家，好让他发展自己的事业。几个月的提前退休变成了几年，然后她成为了一位母亲。她生下了一个有特殊需要的漂亮女儿。几年后，我的朋友离婚了。她不得不在一个陌生的国家里照顾自己和她的女儿。

对离婚感到无措，缺乏安全保障，她只能在复杂的医疗保健系统和教育选择中搜寻能帮助她女儿在身体和智力上获得发展的人。她想了解清楚其中的细节，所以她编辑了一份医疗保健和教育资源目录，并且阅读了所有能找到的关于特殊需要儿童的资料，她变得比她见过的这个领域中的许多专业人士更加知识渊博。有人告诉她一些特殊需要儿童的最佳养育方法，她花了大量的时间阅读、回顾、观察和质疑这些方法。

后来，她意识到，在照顾自己的有特殊需要的孩子多年之后，她变得非常擅长这件事情，她应该接受再培训，然后在这个领域发展一份事业。这是一个非常成功的人生举动。她不仅决定使用自己的第一手经验，而且了解到在亚洲，对接受过训练的、有资质的、经过认证的，和特殊需要儿童一起工作的专业人士的需求正在增长。她接受了再教育，然后成为了一名企业家。如今，她不仅仅是在谋生，她的事业也在蒸蒸日上。

她的故事让我想到了这样一句话："有时候，错误的选择会把我们带到正确的地方。"

第11章

离婚，女人应该做好的几件事

为争取正当的权利做准备

如果你要离婚，首先要做好准备。为了了解你拥有哪些权利，你需要熟悉你所在辖区的法律，并且知道你们夫妻拥有哪些资产（律师把这称为“婚姻之壶”），以及你在财务清算中拥有多少权利，这一章将会集中阐述离婚过程中需要尽快以及尽早解决的财产问题。

钱的问题在离婚中占据重要地位，原因非常实际。你应该努力争取自己认为有权获得的东西，但是，你可以用更现实的方法索要财产，或要求获得每月的赡养费和子女抚养费，以此来更快地实现健康的财务状态。财产常常成为夫妻展现权利以及他们婚姻问题的其他潜在原因的舞台。这种斗争可能让离婚双方变得拥有很重的报复心，并且给双方留下创伤，因为它会激起大量浪费时间、金钱和精力的情感反应。

子女

在子女问题没解决之前，法庭不会详细审查你的财务状况。这是因为，养育子女的那一方将在日常生活中承担很大的经济负担，而且照顾年幼的子女会影响一个人工作的能力。

附录 1

关于风险和收益的一些注意点

总是有人假设，你承担的风险越大，获得的收益也将越大。例如，股票被视为比债券的风险更大，通常股票的表现会超越债券，规模更小的公司被认为风险更大，通常表现会超越更大的公司，而且发展中国家，像印度尼西亚、菲律宾和巴西，通常表现会超越发达国家，例如美国、欧洲和日本。

以一个市场举例说明，在过去的10年内，新加坡海峡时报指数的年化价格收益是9.23%，包括红利在内，在相同的时间范围内，房产的年化收益只有6.04%。[①]地区债券基金的平均收益在3%～4%。股票的波动性更大（因此被认为是风险更大的投资项目），而且，实际上，在这个时间段内，相

① 《海峡时报》，“房产VS. 股票——这是时间范围的问题”，2012年7月9日。

比债券和房产，股票的收益更好。

但是，在更短的时间范围内，风险和收益的情况非常不同。从 2008～2013 年，美国股票市场的表现比新兴的中国市场更好，无生气的沃尔玛、新加坡电信和电能实业的表现比抱有雄心壮志的脸书更好，而且，在过去的几年里，无生气的美国国债的表现比美国股票市场更好，如下所示：

时间范围	股票	短期国债（3 个月的短期债券）	国债（10 年的债券）
1928 □ 2011	9.23%	3.61%	5.14%
1962 □ 2001	9.20%	5.19%	6.85%
2002 □ 2011	2.88%	1.80%	6.49%

来源： http://people.stern.nyu.edu/adamodar/New_Home_Page/datafile/histret.html.

对风险和回报感到轻松是承认，即使许多历史数据被用于合理化许多投资决定，但历史上发生的事情可能在未来不一定适用。没有人可以预测任何资产的未来价格，因为没有人可以确切地解释这个世界上存在的所有不确定。这意味着，支撑现代金融的许多假设只是到目前为止拥有相当好记录的假设。

术语表

年化收益：随着时间的推移，一项投资的每年平均收益，包括资本收益和收入。

年金：一种保险或投资形式，使投资者有权定期获得固定收入或可变收入。

资产：任何你拥有的具有经济价值的东西。随着时间的推移，你的资产价值可能升高或降低。它们也可以为你带来收入。

蓝筹股：一家历史悠久的公司的股票，公司价值通常达数十亿美元，而且品质和可靠性的声誉良好，所以，常常是其领域内的领导者。

债券指数：一种追踪和测量一组被挑选出来的债券投资产品的方法。

资本收益：减去你最初为一项资产所付价格后，价值上的增值。如果你出售一项资产的价格比你购买时的价格高，你就拥有了“已实现的资本收益”。

复合收益：一项投资在一段时间内的累积收益（或损失）。

非必需消费品：由销售非必需商品和服务的企业组成的经济部门。

金融衍生工具：一种金融工具，像是投资者用来投机不同资产的价格变化，而非持有资产本身的期权。

红利：你通过持有一家支付红利的公司股票而赚得的收入。红利的支付是由董事会决定的，而且通常每季度、每半年或每年进行支付。

分红贵族：一家通常拥有管理型红利增长政策的公司，而且已经连续超过25年增加其分红。

普通股或股票市场指数：一种测量一组代表部分股票市场的股票的方法，包括海峡时报指数、标准普尔500指数、纳斯达克100指数和恒生指数。道琼斯工业平均指数是一个追踪30只美国蓝筹股的指数。

交易型开放式指数基金（ETF）：交易型开放式指数基金是一项集体投资，你的钱和其他人的一起集中在一只基金中，这只基金追踪或反映一个指数，例如股票指数。交易型开放式指数基金通常是被动管理，而且它并不试图超越其追踪指数的表现。

费用比率：（1）任何基金向其股东收取的基金产生的费用，包括管理费、行政费、运营成本等。相比被动型指数基金和交易型开放式指数基金，主动型管理费用更高。（2）与一位顾问共同投资所产生的总费用，包括他们的管理费，以及保管费和基金费。

对冲基金：一只私有的、主动管理的投资基金，常常需要大量前期投资，而且通常不会出售给散户，因为这种投资涉及高级的交易策略和很高的风险水平。

本国货币：你配置投资所需要用的货币。

恶性通货膨胀：当钱的价值贬值到简直毫无价值的程度。

指数投资：一项集体投资，你的钱和其他人的一起用于追踪一项指数，通过一只共同基金（被动型指数基金）或一只交易型开放式指数基金。你不是在投资一家公司，而是在投资组成这个指数的每家公司的一部分。你也可以投资债券指数基金。

投资期：为了实现投资目标而持有投资的时间长度。

流动资产：通常可以被迅速出售和转化成现金的任何资产。

到期：贷款期的结束。

货币市场基金：一种现金共同基金，通常没有受到任何政府存款保险的保证，但收益率比一个普通的储蓄账户高。这些共同基金通常只投资最高评级的政府债券，而且通常具有高度的流动性。

名义收益率：在考虑通货膨胀因素之前的收益率。

被动型指数基金：一项集体投资，你的钱和其他人的一起集中在一只基金中，追踪某个指数或部门。被动型指数基金接受的是被动管理，没有主动交易。被动型指数基金是以其资产净值（NAV）进行估价的，资产净值一天计算一次，根据持有基金投资组合的收盘价格进行计算。

个人资产负债表：一张电子表格或清单，展示了你的所有资产（你拥有的东西）和负债（你以债务形式所欠的东西），而且被用于计算你的净值。

个人现金流：你的收入减去你的固定和可变支出。这可以按月、按季度或按年进行计算。

个人净值：你的资产减去你的负债。

遗嘱认证：证明遗嘱和管理死者遗产的法律程序。

房地产信托投资基金（REIT）：一种集体投资，你的钱和其他人的钱集中在一起进行投资，通过一家证券交易所，投资不同类型的房产和/或抵押资产。

真实收益率：考虑了通货膨胀因素之后的收益率；也称为“根据通货膨胀进行调整后的收益率”。

再平衡：购买和/或出售资产，使你的投资组合回到其初始配置的行动。

储蓄率：每月或每年被储蓄的金额占总收入的比例。

投机：通常是为了获得巨大的资本收益而进行的短期投资。

避税的合法手段：一种避税或减少收入以降低应纳税收入的法律手段。

未实现资本收益：当一项资产在“账面”价值上增值，但你还没有出售那项资产获得现金，也被称为“账面收益”。

收益率：收益率是用你从一项投资中赚得的现金或收入进行衡量的。对于不同的投资，有许多类型的收益率。收益率的一个简单计算方法是，用你预计在一年内获得的现金或收入除以资产的价格。

参考文献

[1]特雷莎·奥伯莱,道格·弗雷曼,莱·奥斯内和苏珊·雷诺兹,等.训练你的大脑来变得富有(*Train Your Brain to Get Rich*)[M].优势追求版本,Adams Media:Avon, MA,2012.

[2]威廉姆·J. 伯恩斯坦.投资的四大支柱(*The Four Pillars of Investing*)[M].纽约:麦格劳希尔,2010.

[3]肯·费希尔.揭穿投资神话(*Debunkery*)[M].新泽西:约翰威立出版社,2011.

[4]肯·费希尔.如何嗅出可疑之处(*How to Smell a Rat*)[M].新泽西:约翰威立出版社,2009.

[5]丹尼尔·C. 戈尔迪,戈登·S. 默里.投资答案(*The Investment Answer*)[M].纽约:阿歇特图书集团,2011.

[6]布拉德·克朗茨,特德·克朗茨.金钱背后的心理:克服威胁我们财务健康的金钱障碍(*Mind over Money: Overcoming the Money Disorders That Threaten Our Financial Health*)[M].纽约:皇冠出版集团,2010.

[7]露安·洛夫顿.沃伦·巴菲特像一个女孩一样投资,为什么你也应该这样做(*Warren Buffett Invests Like a Girl And Why You Should, Too*)[M].纽约:哈珀商业出版社,2011.

[8]苏士·奥曼.女性和金钱:用自己的能力来掌控你的命运(*Women & Money: Owning the Power to Control Your Destiny*)[M].纽约:Spiegel & Grau,2007.

[9]丹尼尔·佩里斯.策略红利投资者(*The Strategic Dividend Investor*)[M].纽约:麦格劳希尔,2011.

[10]诺米·普林斯.这需要一次抢劫(*It Takes a Pillage*)[M].新泽西:约翰威立出版社,2011.

[11]托马斯·J. 斯坦利,威廉·D. 丹科.隔壁的百万富翁:美国财富的惊人秘密(*The Millionaire Next Door: The Surprising Secrets of America's Wealthy*)[M].纽约:Gallery Books,1998.

[12]约翰·R. 塔尔博特.华尔街上的86个最大的谎言(*The 86 Biggest Lies on Wall Street*)[M].纽约:Seven Stories Press,2009.